AF317421

LETTRES PÉDAGOGIQUES

MODÈLES DE RÉDACTIONS

ET SUJETS A TRAITER

A L'USAGE

DES ASPIRANTS ET DES ASPIRANTES AU BREVET DE CAPACITÉ

ET

AU CERTIFICAT D'APTITUDE PÉDAGOGIQUE

PAR

P. VINCENT

ANCIEN ÉLÈVE DE L'ÉCOLE NORMALE PRIMAIRE DE POITIERS,
ANCIEN INSTITUTEUR PUBLIC, INSPECTEUR PRIMAIRE DE LA SEINE,
OFFICIER DE L'INSTRUCTION PUBLIQUE

ET

E. MAGÉ

ANCIEN INSTITUTEUR, LICENCIÉ ÈS LETTRES

> Les **MODÈLES** donnés et les **SUJETS** à traiter sont conçus conformément aux Programmes officiels de l'Enseignement primaire.

PARIS

Anciennes Maisons Larousse et Boyer

Vᵉ P. LAROUSSE ET Cⁱᵉ, IMPRIMEURS-ÉDITEURS

49, RUE SAINT-ANDRÉ-DES-ARTS, 49

Prix : 1 f. 50 c

LETTRES PÉDAGOGIQUES

LETTRES PÉDAGOGIQUES

MODÈLES DE RÉDACTIONS

ET SUJETS A TRAITER

A L'USAGE

DES ASPIRANTS ET DES ASPIRANTES AU BREVET DE CAPACITÉ

ET

AU CERTIFICAT D'APTITUDE PÉDAGOGIQUE

PAR

P. VINCENT

ANCIEN ÉLÈVE DE L'ÉCOLE NORMALE PRIMAIRE DE POITIERS,
ANCIEN INSTITUTEUR PUBLIC, INSPECTEUR PRIMAIRE DE LA SEINE,
OFFICIER DE L'INSTRUCTION PUBLIQUE

ET

E. MAGÉ

ANCIEN INSTITUTEUR, LICENCIÉ ÈS LETTRES

Les **MODÈLES** donnés et les **SUJETS** à traiter sont conçus conformément aux Programmes officiels de l'Enseignement primaire.

TROISIÈME ÉDITION

PARIS

Anciennes Maisons Larousse et Boyer

Vᵒ P. LAROUSSE et Cⁱᵉ, IMPRIMEURS-ÉDITEURS

49, RUE SAINT-ANDRÉ-DES-ARTS, 49

Tous droits réservés.

PRÉFACE

En publiant ces *Lettres*, qui ont la Pédagogie pour objet spécial, nous nous sommes proposé de venir en aide aux Aspirants et aux Aspirantes au **brevet de capacité** et au **certificat d'aptitude pédagogique.**

Depuis que nous faisons partie des commissions d'examen, nous avons pu remarquer que les Aspirants et les Aspirantes, toujours faibles dans leurs compositions, reproduisent presque constamment les mêmes fautes. En général, ces compositions ne forment pas un tout complet, bien ordonné et sagement limité. Presque jamais on n'y trouve la trace d'un plan préconçu: les idées y sont exposées sans beaucoup d'ordre et l'on sent que le candidat ne s'est pas préalablement imposé de limites. Il a écrit un peu au hasard, à mesure que les idées lui venaient, et il en est résulté qu'il n'a pu donner qu'un travail imparfait et très souvent incomplet. La forme même s'est ressentie de ce défaut de plan : les idées mal agencées sont forcément mal exprimées.

Pour les compositions du *brevet de capacité*, cet insuccès presque général a plusieurs causes, à notre avis : l'âge peu avancé des Aspirants et leur défaut d'expérience de la vie, leur manque de culture professionnelle et l'insuffisance de leurs études littéraires. Qu'ils aient seize ou vingt ans, ils n'en sont guère plus expérimentés et ils ne peuvent avoir beaucoup d'idées qui leur soient personnelles. Ils ont vécu d'une vie restreinte et n'ont pu vérifier par l'expérience les idées qu'on leur a données. A part les élèves des écoles normales, ils n'ont que peu ou point été initiés à leur profession future; et l'on peut dire sans exagération qu'aucun n'a fait assez de bonnes lectures pour avoir à sa disposition un contingent suffisant de mots et de bonnes tournures littéraires.

Les Aspirants au *certificat d'aptitude* ayant plus d'âge et ayant déjà au moins deux ans d'exercice, il semblerait que leurs compositions dussent être incomparablement meilleures. Sans doute, elles valent mieux, et il y aurait injustice à ne pas le reconnaître. Toutefois, il n'en est pas moins vrai qu'elles laissent encore à désirer, soit pour le fond, soit pour la forme. On se ressent longtemps, sinon toujours, de ses études premières; on continue à mal travailler si l'on a ainsi commencé et il est bien difficile de se donner de bonnes habitudes d'esprit quand tout d'abord on en a contracté de mauvaises.

Il importe donc de commencer de bonne heure une préparation aussi difficile que celle des compositions spéciales à ces deux examens, où les Aspirants ont non seulement à faire preuve d'habileté dans l'art d'écrire, mais aussi de capacité professionnelle. Il leur faut acquérir par l'étude les idées que la vie et l'exercice de la profession n'ont pu leur donner ; il leur faut profiter du travail des autres, puisque le leur ne peut encore leur suffire. Il leur est indispensable aussi de se donner une culture littéraire que, jusqu'ici, l'enseignement primaire ne leur a pas suffisamment dispensée. C'est par la lecture des ouvrages spéciaux de pédagogie et de morale, et par celle des meilleures productions littéraires qu'ils pourront compléter leur éducation à ce double point de vue. Ils trouveront dans les premiers le capital d'idées dont ils ont besoin, et ils puiseront dans les seconds les formes nécessaires pour exprimer leurs pensées en langage correct et élégant.

Cependant cette étude ne suffirait pas, si elle n'était parfaite par de nombreux **exercices d'application.** On apprend à marcher en marchant, et non pas seulement en étudiant les règles de la marche. Il en est de même de l'art d'écrire : on y devient habile par un long exercice, bien plus que par l'étude des principes.

Les Aspirants au *brevet de capacité* et au *certificat d'aptitude* ne sauraient ni trop, ni trop tôt, s'exercer à la rédaction de compositions spéciales à la profession d'instituteur. Ces compositions, qui se ressemblent au fond, doivent avoir des qualités communes, telles que la clarté, l'ordre et la précision ; mais elles doivent différer quant à l'étendue et quant à la façon dont les idées y sont ordonnées et exécutées.

Celles du *brevet de capacité*, qui doivent être faites en une heure et demie, ne peuvent guère comprendre plus de deux pages. Il est difficile de bien faire un travail plus long dans un temps aussi limité. Cette nécessité de se borner oblige les Aspirants à prendre des précautions de plus d'une sorte; la plus importante consiste à se renfermer dans la question posée. Celle-ci est simple d'ordinaire et ne demande pas un grand développement. Après l'avoir lue avec attention pour la bien comprendre, pour trouver et noter les cinq ou six idées principales qu'elle renferme, et pour les ranger dans l'ordre le plus logique, les Aspirants doivent se mettre immédiatement à l'œuvre et entrer en matière, sans préambule aucun, sans exposé de principes. Ce n'est pas une discussion qu'on leur demande, mais bien la preuve qu'ils écrivent en français, qu'ils possèdent une notion exacte de ce qui leur est demandé et qu'ils sont capables de l'exposer avec ordre.

Les compositions du *certificat d'aptitude* sont bien plus importantes et peuvent comprendre quatre ou cinq pages. C'est pour cette raison que deux heures sont accordées aux composants. C'est que, en effet, ce n'est plus une simple preuve de savoir et un exercice de style que l'on exige d'eux, c'est aussi une affirmation de principes, des déductions et des preuves.

Quelle que soit la question posée, elle doit être traitée en trois parties : la première sera une énumération des

principes sur lesquels on veut s'appuyer ; la seconde,
un exposé de la manière dont on applique ces principes
et des conséquences pratiques qu'on en tire ; la troisième, enfin, une discussion tendant à prouver qu'il
n'existe aucune contradiction entre les principes posés
et la manière dont on s'en sert.

De là, pour les Aspirants, la nécessité d'un plan préalablement arrêté avant tout travail de rédaction,
d'une étude préliminaire sérieusement faite. Cette
étude faite et ce plan tracé, le travail purement littéraire sera relativement facile : les idées se succéderont
dans l'ordre voulu et la forme à donner à la pensée sera
facile à trouver.

Nous nous sommes inspirés de ces idées dans les
Lettres que nous publions. Dans les plus courtes, propres au *brevet de capacité*, comme dans les plus longues,
spéciales au *certificat d'aptitude*, nous avons suivi les
règles que nous venons de poser.

Dans les sujets que nous donnons à traiter et qu'on
peut appliquer à l'un et à l'autre examen, nous avons
tantôt donné un plan tout fait, tantôt nous nous en
sommes abstenus. Ce n'est pas sans motif que nous
avons ainsi procédé. Si nous sommes d'avis qu'il est
bon d'aider les jeunes gens, nous ne sommes pas
moins convaincus qu'il est nécessaire de les accoutumer
de bonne heure à marcher sans lisières. Au jour de la
composition, on ne leur donnera pas un plan tout fait ;
ils devront le tracer eux-mêmes et ils ne le feront bien
qu'autant qu'ils en auront pris l'habitude. Il ne faut
pas qu'ils comptent sur leur mémoire en pareille
matière. Rarement ils auront à traiter, au moins dans
le même sens, une question qu'ils auront déjà étudiée.
Elle pourra être analogue, mais jamais semblable, et
leur mémoire pourrait les induire en erreur. S'ils ont
coutume de faire seuls leur travail préparatoire, ils
seront experts à l'heure de l'épreuve et leur parfaite
réussite sera bien plus certaine.

LETTRES PÉDAGOGIQUES

L'ÉDUCATION

I. — ÉDUCATION GÉNÉRALE

1. — **Lettre d'un instituteur à l'un de ses élèves pour déterminer l'étendue de l'éducation.**

MON CHER AMI,

L'éducation se définit généralement l'*art de conduire, d'élever un jeune homme*. Cette définition a le tort d'être trop brève, bien qu'elle soit vraie et que sa concision suffise aux esprits cultivés, habitués à voir d'un coup l'ensemble des idées qui se rattachent à une pensée première. A votre âge, on ne voit pas aussi loin d'ordinaire, et je comprends que cette définition vous ait embarrassé et que vous ayez craint de tomber dans quelque erreur, de commettre quelque imprudence, ou de faire quelque grave omission.

1.

En vous trompant en cette matière, en omettant surtout, vous ne feriez que subir l'influence de nombreux modèles. Le mot *éducation* n'a ni la même signification ni la même étendue pour tous les hommes. Beaucoup, et jusqu'à présent, peut-être le plus grand nombre, ne l'ont appliqué qu'aux sentiments et n'ont considéré l'éducation que comme la culture morale de l'homme. D'autres lui ont donné une signification bien plus restreinte encore, et n'ont vu dans l'éducation que l'ensemble des règles de la bienséance.

Plus d'une fois, vous entendrez dire d'un jeune homme qu'il est parfaitement élevé, alors que son éducation réelle aura été à peine ébauchée. Gardez-vous, mon cher ami, de tomber dans une telle erreur. Dans les deux cas vous n'accompliriez qu'une partie de votre tâche, et, dans le deuxième, vous accompliriez certainement la moins importante.

Élever convenablement un jeune homme, *c'est le mettre en état de remplir le rôle qu'il aura à jouer dans la vie pour son plus grand bonheur et pour la plus grande satisfaction des autres.* Avant de déterminer les règles générales de l'éducation, il importe donc de préciser ce que l'homme aura à faire, d'indiquer comment il devra le faire et d'examiner dans quels milieux s'exercera son action.

Le premier devoir de l'homme, c'est d'assurer son existence ; le second, de travailler à son propre bonheur. Au premier abord, il semble qu'ainsi limités, les devoirs de l'homme soient faciles à remplir ; ils le seraient, en effet, s'il vivait seul et n'avait à se préoccuper que de lui-même. Mais sa nature physique et son tempérament moral l'ont fatalement condamné à faire partie de groupes dont son existence et son bonheur dépendent, en même temps que l'existence et le bonheur de ces mêmes groupes se ressentent de l'action qu'il a sur eux.

En entrant dans la vie, il fait partie de la famille, premier groupe social, dont il ne sortira jamais, où, à des âges divers, il remplira des fonctions différentes, et cela d'autant mieux qu'il y aura été préparé. Fils, il aura pour devoir d'aimer ses parents, chose facile, de les respecter, de leur obéir, et surtout d'assurer leur joie en se montrant chaque jour plus digne d'eux.

Époux et père, ses devoirs seront multiples : au devoir d'assurer son existence et son bonheur s'ajoutera celui d'assurer ceux de sa compagne et de ses enfants, car ils sont lui-même encore, et, par une nécessité bienheureuse, il n'a de satisfaction que si la leur est assurée.

Aïeul, il devient le guide éclairé et affectueux de toute la famille, en même temps qu'il reçoit, en retour, la protection et l'amour dont sa faiblesse a besoin.

Ce n'est pas tout : cette même fatalité physique et morale, qui assujettit l'homme à la famille, le place aussi dans un autre groupe plus important et plus vaste, sur lequel son influence peut être heureuse ou funeste selon la place qu'il y tient et la façon dont il y remplit ses obligations, et qui vaut d'autant plus que chacune des unités qui le composent vaut elle-même davantage. Je veux parler de la société, de la patrie, au sein de laquelle l'homme doit remplir utilement le triple rôle de producteur, de citoyen et de soldat.

Je n'insisterai pas davantage, mon cher ami, et ces généralités suffiront pour vous démontrer que l'éducation doit avoir pour objet l'homme tout entier, considéré au triple point de vue physique, intellectuel et moral. Vous le voyez, sa vie doit être une action continuelle en vue d'une incessante production de biens matériels et d'idées ; elle ne peut avoir son plein effet que s'il est animé des sentiments les plus élevés, du dévouement le plus entier, et si son cœur est plein d'amour pour les siens d'abord, pour la patrie ensuite.

Mais l'homme ne peut être puissant par l'action que s'il a à son service une suffisante force physique et toute l'adresse nécessaire pour accomplir facilement une tâche qui se renouvelle sans cesse et ne finit qu'à sa mort ; de là la nécessité de cultiver ses facultés physiques avec le plus grand soin ; car il faut que son corps soit capable d'offrir une considérable résistance à la double dépense du travail et de la vie.

Si l'homme n'était que fort et matériellement adroit, sa puissance de production serait singulièrement limitée, et son action dans la famille et dans la patrie serait bien restreinte et souvent contraire aux intérêts bien entendus de l'une et de l'autre. Mais il est doué de deux facultés puissantes : de l'*intelligence* qui conçoit et compare ; de la *raison* qui juge et décide. Bien cultivées, ces deux facultés, comme les facultés physiques, sont susceptibles de la plus grande amélioration et deviennent pour l'homme les instruments les plus puissants dont il puisse faire usage pour travailler utilement.

Enfin l'homme ne vit pas seulement par le corps et par l'intelligence, il vit aussi par le cœur, et le cœur est le siège des sentiments qui donnent à la vie son plus grand charme et sans lesquels toute existence est incomplète, vide même, si fort et si intelligent que l'homme puisse être.

Je m'arrête, mon cher ami, je crois vous en avoir dit assez pour vous faire sentir tout ce que comprend l'éducation. Vous voyez maintenant toute l'importance et toute l'étendue de votre tâche, car, vous le sentez bien, c'est de l'instituteur, aujourd'hui plus que jamais, que dépend la parfaite éducation des enfants. C'est sur lui que la famille et la patrie se reposent ; c'est de lui qu'elles attendent des hommes vigoureux et habiles, intelligents et raisonnables, aimants et dévoués.

Agréez, etc.

SUJETS A TRAITER

2. — Écrire à une jeune institutrice pour lui exposer quels sont les *devoirs de la femme comme mère*, et lui indiquer comment on peut l'y préparer à l'école.

3. Écrire à un jeune instituteur pour lui dire

quels sont les *devoirs de l'homme comme citoyen*, et lui montrer comment l'instituteur peut parvenir à les lui inculquer dès l'enfance.

4. — Dire, dans une lettre, quel est le *rôle de la jeune fille dans la famille*, et comment l'école peut contribuer à la rendre apte à le remplir convenablement.

5. — Dire, dans une lettre, quelles *qualités et quelles vertus sont nécessaires à l'homme pour exercer son métier*, et quelle action l'instituteur peut avoir sur lui en pareil cas.

II. — ÉDUCATION PHYSIQUE

6. — Lettres à une jeune institutrice sur l'hygiène générale de l'école.

MADEMOISELLE

Vous avez vu, en parcourant les nouveaux programmes, qu'une de vos obligations est de veiller à ce que vos élèves soient toujours dans les meilleures conditions hygiéniques, et vous me demandez de vous tracer un programme d'hygiène qui leur soit spécial.

Je ne puis, dans une lettre, traiter la question en détail et avec toute l'étendue qu'elle comporte, et je suis obligé de vous conseiller la lecture des ouvrages spéciaux qui, mieux que moi, vous guideront dans les cas particuliers. Mais il est des règles générales d'*hygiène scolaire* qu'il vous faut connaître pour pouvoir profiter de vos lectures sur la matière. Ce sont ces règles que je vais tâcher de vous tracer aussi clairement qu'il me sera possible.

La bonne santé des enfants, ou mieux des écoliers dont nous avons la charge, dépendra à la fois des milieux où ils vivront, de leur nourriture, de leurs vêtements, de l'état de leur corps, de leur travail et de leurs distractions mêmes.

Les milieux où ils vivent sont la maison paternelle et l'école. Je ne parle pas de la rue et des champs, car nous ne pouvons rien sur les influences bonnes ou mauvaises qu'ils exercent sur la santé des enfants. Nous ne pouvons pas grand'chose non plus, si ce n'est par voie de conseils donnés avec le plus grand tact, pour modifier, en les améliorant, les influences qu'ils subissent dans la maison paternelle. Notre action n'est féconde en utiles résultats que pour ce qui est de l'école.

La salubrité d'une école dépend de sa situation, de son entretien, de son exposition et de sa construction. Généralement, les nouvelles écoles, et bientôt il n'y en aura plus d'autres, sont placées dans un lieu sain et parfaitement aéré. Elles sont aussi bien exposées, ouvrant au midi dans les contrées froides ou humides de la France, à l'est dans les contrées chaudes et sèches. Grâce à la vigilance du comité des bâtiments, la construction, surtout quant à la disposition des salles de classe et de leurs dépendances, laisse de moins en moins à désirer. Cette partie de l'hygiène de l'école ne doit plus nous préoccuper que dans des cas de plus en plus rares, où nous avons à donner notre avis pour une construction nouvelle, ou pour le choix d'un local à louer; encore, dans ces deux cas, sommes-nous couvertes par l'inspection, qui a charge spéciale de se montrer vigilante pour nous. Notre tâche est donc limitée au soin de tenir nos classes toujours pourvues d'air pur et dans un état parfait de propreté.

L'air est promptement vicié dans nos écoles; d'abord

par la respiration des élèves et ensuite, l'hiver, par l'appareil de chauffage qui, trop souvent, pour ne pas dire toujours, emprunte à la salle d'école l'oxygène qui lui est nécessaire. C'est à vous, mademoiselle, qu'il incombe de remédier à un mal dont les effets ne sont pas moins nuisibles à la santé qu'aux études. Dès que l'air est vicié, l'enfant souffre, et sa souffrance a pour premier effet de diminuer son activité d'esprit et, par suite, son aptitude naturelle à comprendre et à retenir. Trop souvent les institutrices, soit négligence, soit ignorance, ne prennent pas garde à cet état du corps et de l'esprit des enfants. Peut-être, subissant aussi la même impression, ne s'en aperçoivent-elles pas; car c'est peu à peu que le malaise, et la torpeur qui en est la suite, se sont produits, envahissant à la fois la maîtresse et les élèves. Il faut que celle-ci ait toujours présente à la pensée l'idée de son devoir. Du reste, qu'elle sorte un instant de la classe, au bout d'un certain temps de travail, et l'impression qu'elle ressentira, en rentrant, l'avertira bien vite qu'il est temps de faire une nouvelle provision d'air pur.

La propreté constante et parfaite des classes, de la cour et des autres dépendances est aussi d'absolue nécessité. Tout dans l'école, les murs, les parquets, les cartes, les livres, la poussière même, s'imprègne à la longue de miasmes dont il faut s'efforcer d'annihiler ou d'amoindrir la mauvaise influence. Ce n'est pas, nous le savons, à l'institutrice qu'incombe le travail matériel nécessaire pour obtenir cette propreté si salutaire; mais c'est sur sa vigilance que l'administration et les familles comptent, comme elles ont le droit d'y compter. En sollicitant la charge des enfants, nous avons pris l'engagement étroit de tout faire pour que ceux-ci deviennent chaque jour non seulement meilleurs et plus instruits, mais encore plus vigoureux. Aussi, bien que les soins de propreté soient imposés aux élèves, comme dans les communes rurales, ou confiés à des mains mercenaires, comme dans les villes, l'institutrice n'a pas le droit de se croire dispensée d'y tenir la main. Elle doit, sous peine de faute grave, tout surveiller sans cesse, ne rien laisser passer et, au besoin, dans les campagnes surtout, refaire ou faire refaire ce que les enfants auraient mal fait avec l'insouciance de leur âge.

II

Je n'ai pas besoin de vous dire que vous ne pouvez agir directement sur les familles à propos de la nourriture. Du plus ou du moins d'aisance dont elles jouissent dépendent la qualité des aliments qu'elles donnent à leurs enfants et le soin apporté à leur préparation. Est-ce à dire, cependant, que vous ne puissiez rien faire ? Avec de la prudence et de la mesure, on peut tout dire. Étudiez donc sérieusement cette partie de l'hygiène et, doucement, sans intention directe, en ne visant personne, efforcez-vous de convaincre les mères de famille des avantages que leurs enfants doivent retirer d'une nourriture saine, appropriée à leur âge et donnée aux heures convenables. Vous verrez que chacune, si vous avez le soin de ne pas la mettre en cause, profitera de vos conseils et en tirera bon parti pour les siens.

Agissez de la même façon pour ce qui est des vêtements. Vous savez qu'ils doivent, avant tout, être amples et propres : amples, pour que le corps s'y développe à l'aise et pour que l'air puisse facilement circuler dans tous leurs plis ; propres, pour qu'ils ne soient pas un obstacle aux émanations naturelles et nécessaires du corps, et pour qu'ils ne deviennent pas eux-mêmes une cause de malpropreté. Vous aurez peu à faire pour convaincre les mères de famille de la nécessité de tenir les vêtements de leurs filles en bon état. Il vous sera plus difficile de leur persuader qu'ils doivent avoir de l'ampleur. Vous vous heurterez là à leur vanité, à leur goût, ou mieux à leurs idées préconçues en faveur de la grâce que donne telle ou telle forme de vêtement, et de l'élégance qui résulte d'une robe emprisonnant la taille, ou d'un corset qui la déforme.

C'est en de telles circonstances que votre goût naturel et votre habileté comme maîtresse de couture peuvent servir la cause de l'hygiène. Prêchez non pas par le raisonnement, mais par l'exemple. Montrez par vous-même et par quelques enfants, que vous ferez profiter de votre adresse et de votre bon goût, qu'un ajustement peut être gracieux, plus gracieux même, bien que les vêtements qui le composent ne soient pas pour le corps un supplice et pour la santé un danger.

De la propreté des vêtements dépend celle du corps ; et si vous obtenez la première, l'autre en sera la conséquence. Cependant, à la campagne, plus d'une mère qui rougirait de voir sa fille malpropre dans sa toilette, se préoccupe bien moins des soins à donner au corps lui-même. Conseillez les bains généraux, et pour ce qui est des mains, du visage et de la tête, que vous pouvez plus directement surveiller, montrez-vous inflexible. L'eau ne manque à aucune école aujourd'hui ; vous seriez coupable, et l'autorité ne manquerait pas de vous rendre responsable, si vos élèves avaient les mains et le visage sales, ou la tête en mauvais état. Ne craignez pas d'être sévère ; au début, peut-être aurez-vous à subir quelques murmures ; mais ils ne tiendront pas contre votre volonté ferme, d'autant plus que tout le monde sera pour vous au fond, même ceux que votre sévérité aura pu atteindre. Ne laissez pas entrer en classe une élève qui ne sera ni propre ni peignée, et, s'il est nécessaire que vous mettiez la main à l'œuvre, n'hésitez pas à faire ce qu'une mère négligente aura laissé à vos soins. La leçon, ainsi donnée, vaudra mieux qu'un discours, et vous n'aurez pas la peine de la répéter souvent, croyez-en mon expérience.

III

La nature du travail de nos élèves est loin d'être favorable à leur développement physique; et à l'âge où ils ont le plus besoin d'air, de lumière, de mouvement, je dirai plus, d'insouciance, ils sont astreints à vivre, durant six heures chaque jour, dans un milieu où l'air n'est jamais très pur, où la lumière n'arrive jamais vivifiante, contraints à une immobilité presque complète, obligés à une continuelle contention d'esprit.

Je vous ai déjà mise en garde contre le danger d'une insuffisante aération et je ne reviendrai pas sur ce que je vous ai dit. Mais j'avais omis de vous rappeler que l'action de la lumière est non moins bienfaisante que celle de l'air pur. Permettez-moi de le faire et de vous engager à prendre toutes les précautions possibles pour que, pendant leur travail, vos élèves ne souffrent jamais de sa privation.

En distribuant le travail d'une façon intelligente, en en variant l'objet, en limitant la durée des exercices, vous pouvez très sensiblement atténuer les mauvais effets d'une quasi-immobilité et d'une trop grande contention d'esprit.

Depuis quelques années, l'administration, frappée des mauvais effets d'un trop long travail ininterrompu, a décidé que les classes du matin et du soir seraient coupées par une récréation de quelques minutes. L'administration a eu raison; mais la mesure qu'elle a prise serait insuffisante, si la maîtresse ne savait pas lui venir en aide par l'organisation du travail.

Faites en sorte, mademoiselle, qu'un exercice facile succède toujours à un exercice demandant une attention plus forte. N'oubliez jamais que chacun d'eux doit être suivi d'un mouvement quelconque et prenez soin d'en proportionner la durée à sa nature et à l'âge des enfants qui l'exécutent. Si le travail ne s'adresse qu'à l'esprit, limitez-le, et n'attendez ni la fatigue ni l'inattention.

Lorsqu'il s'agit des tout petits enfants, faites même que le corps y ait toujours une part.

Avant de vous entretenir de l'influence que les distractions des enfants peuvent avoir sur leur santé, je n'oublierai pas de vous parler d'un exercice nouvellement introduit dans les écoles et qui est à la fois un travail et un jeu. Je veux parler de la gymnastique, dont je n'ai pas besoin de plaider la cause auprès de vous. Tout le monde, aujourd'hui, est convaincu de la nécessité de compléter l'éducation du cœur et de l'esprit par celle du corps. Mais encore la gymnastique n'est-elle favorable à l'hygiène des enfants que s'ils sont soumis à des exercices bien proportionnés à leur âge, à leur force, au développement de leurs organes, et tellement réglés qu'ils ne soient jamais ni fatigants, ni dangereux. C'est pourquoi j'aimerais que vous fussiez en état de donner vous-même cet enseignement. Les professeurs spéciaux, si habiles et si prudents qu'ils soient, sont un peu trop soucieux de voir briller leurs élèves, et ils ne craignent pas toujours assez de les retenir trop longtemps ou de leur faire faire des exercices qui excitent l'étonnement du public et la vanité de l'enfant, sans profit pour son adresse ni pour sa vigueur.

Encore un mot, mademoiselle, et j'ai fini. Si le bonheur et la joie seuls ne donnent pas la santé, on ne saurait nier qu'ils peuvent y contribuer. Faites donc que vos élèves soient à la fois heureuses et joyeuses. Leur bonheur et leur joie dépendent de vous. C'est à vous qu'il appartient de faire que l'école soit pour elles un séjour de bonheur en même temps que de joyeuses distractions ; estimez-les, aimez-les de toute votre âme, et votre amour vous inspirera la parole qui console ou réjouit, la réprimande qui corrige sans douleur, et l'éloge qui n'excite ni l'orgueil ni la vanité. Aimez-les, et le bruit de leurs jeux ne vous fatiguera pas, au contraire. Leur joie fera la vôtre et vous ne vous plairez nulle part mieux qu'au milieu d'elles, jouissant de leur plaisir, les excitant au besoin pour que leur distraction soit pleine (car il faut qu'elle soit pleine et libre pour être salutaire), tout en la modérant pour qu'elle n'excède jamais la mesure. Rien n'est plus favorable à la santé des élèves de nos écoles que les jeux de la récréation. Leur esprit se détend, se repose ; leur corps s'y fortifie, et il n'est pas jusqu'à leurs sentiments qui ne soient améliorés par la joie qu'elles éprouvent. Laissez-les jouer ; faites-les jouer plutôt en dirigeant et en contenant leur ardeur, sans qu'elles sentent la chaîne qui les retient. Soyez même assez vigilante pour n'avoir jamais besoin, pour les corriger, de les priver de cette heure bénie de la récréation.

SUJETS A TRAITER

7. — Exposer, dans une lettre à un instituteur, *comment une classe doit être*, ainsi que les tables et les bancs, *pour ne pas nuire* à la santé des enfants.

8. — Faire connaître à une institutrice quels sont les *exercices de gymnastique convenables aux jeunes filles ;* tracer un programme général pour chaque cours et donner les raisons des exercices reconnus propres à chaque âge.

9. — Démontrer l'*utilité des exercices militaires dans les écoles de garçons ;* dire à quel âge ils doivent les commencer et pourquoi il convient qu'ils les continuent étant adultes.

10. — Lettre à une institutrice pour l'encourager à organiser l'enseignement de la gymnastique dans son école et pour lui dire à quelle partie de la journée cet enseignement doit être donné.

MA CHÈRE ENFANT,

On veut, me dites-vous, organiser, dans votre école, *l'enseignement de la gymnastique* ; vous hésitez à vous y prêter et vous vous dites embarrassée pour savoir à quel moment de la journée les leçons de cette nouvelle partie du programme pourront être données. Votre indécision ne m'étonne pas ; loin de témoigner contre vous, elle prouve, au contraire, que vous avez examiné la question sous toutes ses faces. Assurément, elle n'a d'autre cause que votre ardent désir de réussir dans votre enseignement, tout en ne blessant aucun préjugé et en ne heurtant aucune idée préconçue.

Bien que la nécessité de cultiver les facultés physiques de l'homme et de la femme soit évidente pour tous es bons esprits, il ne faut pas nier qu'il existe encore, contre l'enseignement de la gymnastique en général, et contre l'enseignement de la gymnastique aux jeunes filles en particulier, de regrettables préjugés. Beaucoup, surtout dans les campagnes, ne comprennent pas que la vigueur et l'adresse peuvent être augmentées par une culture intelligente des facultés physiques, et moins encore apprécient combien la santé profite du développement régulier des organes par le fait d'une gymnastique bien entendue. Bien que peu convaincues, les familles ne s'élèvent pas trop contre le nouvel enseignement, s'il s'agit des garçons ; mais combien elles sont rebelles quand il s'agit des filles ! La gymnastique aux filles ! et pourquoi ? Ont-elles besoin de courir, de sauter ? Car, hélas ! pour beaucoup la gymnastique n'est encore que l'art de faire des sauts difficiles ou périlleux.

Vous aurez d'abord à lutter contre ce préjugé, plus général qu'on ne le pense, et, en outre, contre cette idée préconçue que tout temps dérobé aux heures de classe est volé aux enfants. Dans beaucoup d'endroits et pour beaucoup de gens, la meilleure école n'est pas celle où le travail est le mieux réglé, où les leçons sont données avec le plus d'intelligence, où les facultés sont mises à profit avec la plus sage mesure, mais celle où la classe dure le plus longtemps. Aussi pouvez-vous être assurée que, tout d'abord, on s'élèvera contre vous si vos leçons de gymnastique, si peu appréciées, sont données pendant les heures de classe. On y verra, de votre part, la recherche d'une distraction ou d'un repos prélevés sur les heures de travail que le règlement vous impose.

Votre lettre me laisse voir que vous avez pressenti les difficultés qui vous attendent et que vous les craignez assez pour hésiter à organiser le nouvel enseignement, ou, au moins, pour vous croire obligée de le donner pendant les heures de récréation, afin d'éviter le reproche de paresse que vous paraissez surtout redouter.

Vous avez tort, ma chère enfant; quand on est institutrice, et qu'il s'agit de bien faire, il ne faut pas se laisser arrêter par les difficultés qui se présentent; encore moins faut-il les tourner, car c'est à les faire disparaître qu'il faut travailler.

Aucun être ne vient à la vie sans douleur; rien n'est fondé qu'au prix de souffrances physiques ou morales. On souffre, on travaille d'abord, le bien se fait, et la récompense arrive toujours, ne consistât-elle que dans le bien réalisé.

Je n'ai pas besoin de vous démontrer l'utilité de la gymnastique; à l'école normale, on vous en a suffisamment démontré la nécessité; et les heureux effets qu'elle a produits sur votre santé et sur celle de vos compagnes vous sont encore assez présents à la mémoire pour que je n'aie pas besoin de vous les rappeler. Tout a été dit, du reste, sur l'importance de la vigueur de la femme.

L'enfant et la mère sont trop intimement liés pour que la santé de l'une n'ait pas toute influence sur celle de l'autre, et l'un et l'autre sont trop la cause de toute la joie du foyer pour que toutes les précautions ne soient prises, afin que le bonheur de la famille ne soit pas empoisonné dans sa première source. Mettez-vous courageusement à l'œuvre, ma chère enfant, et n'hésitez pas davantage.

Il me reste à vous parler du choix de l'heure où vous donnerez vos leçons. Il ne faut absolument pas, quoi qu'on dise, que ce travail soit pris sur le temps de la récréation. C'est un temps sacré dont toutes les minutes appartiennent à l'enfant et dont pas une ne saurait lui être distraite. A son âge, le jeu est la suite nécessaire de l'étude; car pour lui, plus que pour l'homme, il est vrai de dire que l'agréable est aussi utile que l'utile. Son cerveau est trop faible pour travailler sans relâche, et la contrainte, si contraire à sa nature, qu'il s'impose pendant les heures de classe, doit être contre-balancée par une grande liberté d'allure et de mouvement.

Pendant le travail, il n'est pas lui-même et, quelque soin que nous ayons de ne pas gêner sa spontanéité, il est certain qu'il ne la retrouve complète que dans la cour. Il y fait, du reste, une autre gymnastique qui n'est pas moins utile pour n'être pas réglée. Il utilise, à sa volonté, la force et l'adresse acquises; il apprend à s'en servir dans les cas non prévus; il en jouit sans calcul, sans réflexion; il les fixe en quelque sorte et, par un usage approprié aux circonstances, il les rend tellement siennes qu'il ne peut plus les perdre. Ce temps d'activité irréfléchie procure à son intelligence le plus complet repos, et c'est l'esprit libre qu'il revient au travail. La leçon de gymnastique ne pourrait lui procurer les mêmes avantages. C'est toujours une leçon qu'il reçoit et à laquelle il faut qu'il donne toute son attention. Il l'aurait bien vite en horreur si elle lui enlevait les joies de la récréation, sans lesquelles l'école serait un lieu de supplice.

Et vous même, ma chère enfant, vous avez besoin de ce temps de répit, pour votre santé d'abord, pour votre puissance de travail ensuite. Si vous donnez la leçon de gymnastique pendant la récréation, à peine vous restera-t-il un moment pour manger, et vous serez obligée de reprendre votre tâche sans avoir eu le temps de digérer, ni de vous reposer assez pour que votre intelligence ait repris sa vigueur et votre esprit sa clarté.

Soyez sans crainte, du reste, les deux ou trois leçons de gymnastique que vous donnerez chaque semaine ne nuiront en rien aux autres études. La bonne culture des facultés physiques n'est pas sans effet sur les facultés intellectuelles et morales. Tout se tient : la vigueur des premières entraîne la vigueur des autres. Vous ne tarderez pas à vous apercevoir, et l'on s'apercevra avec vous, que les enfants gagnent et au delà le temps qu'ils semblent perdre.

Recevez, etc.

SUJETS A TRAITER

11.—Écrire la même lettre à un jeune instituteur.

12. — Exposer comment la gymnastique peut être utile à *la culture des sens*.

13. — Dire en peu de mots en quoi consiste *le sens de la vue*, quels organes lui sont nécessaires et par quels exercices on peut l'améliorer à l'école.

14. — Même travail pour *le toucher*.

15. —   id.   pour *l'ouïe*.

16. —   id.   pour *l'odorat* et *le goût*.

17. — Exposer *comment on acquiert des idées par les sens*.

III. — ÉDUCATION MORALE

18. — **Lettre à une institutrice pour lui expliquer ce qu'on entend par conscience morale et pour lui exposer les moyens de l'améliorer par l'école.**

MA CHÈRE COLLÈGUE,

La *conscience morale* est le sentiment intérieur qui nous fait approuver ou maudire nos actions, selon que nous les jugeons bonnes ou mauvaises. Je ne sais si ce sentiment est inné en nous, ou s'il n'est que le résultat de la faculté que nous avons de comparer et de juger. Quoi qu'il en soit de son essence, la conscience morale de chaque individu dépend de ses instincts naturels et du milieu où il vit. La notion du bien et du mal n'est pas la même pour tous les individus, dans toutes les familles et dans toutes les nations. Cependant, dans chacune de celles-ci, il s'est formé une résultante générale, une sorte de conscience collective, un code commun du bien et du mal, accepté par tous, consacré par les mœurs ou fixé par les lois. Les prescriptions de ce code plus ou moins parfait, selon le degré de civilisation auquel la nation est arrivée, doivent être observées par chacun de ses membres. C'est de son observation rigoureuse que dépendent le bonheur des individus, la paix des familles, la force et la tranquillité des États. Il importe donc que chacun en connaisse les préceptes et en ait, de plus, l'amour et le respect. Si l'homme n'est pas dans ces conditions, on ne pourra pas dire que sa conscience morale soit formée, et vous pouvez être certaine qu'il ne se croira pas responsable s'il manque aux devoirs prescrits.

Donner à nos élèves la notion exacte du bien et du

mal, leur montrer qu'elles sont responsables de leurs actes, bons ou mauvais, leur prouver par tous les exemples que la vie amène qu'ils ne peuvent échapper au châtiment de leurs fautes, les mettre en état de trouver en elles-mêmes, si elles ne l'obtiennent autrement, la récompense de leurs bonnes actions, telle est notre tâche. Y réussir pleinement n'est pas chose aisée. Elle est même d'autant plus difficile que nous avons à agir sur des sujets nombreux et différemment doués, soumis chacun aux influences les plus diverses. Nos élèves sont loin, en effet, d'avoir le même tempérament et le même caractère. Les familles où elles vivent ne se ressemblent guère et dans toutes, même dans les meilleures, elles sont parfois témoins d'actes répréhensibles, associées à des sentiments de haine ou de colère, d'envie ou d'orgueil, mêlées à des rivalités dont l'origine est condamnable. L'action qu'elles exercent mutuellement sur elles-mêmes n'est pas toujours bonne, bien qu'elle ne soit pas la plus dangereuse, car, si elles se redressent entre elles plus d'une fois violemment, si dans leur vie commune, où elles agissent librement et sans dissimulation, elles apprennent à s'estimer et à s'apprécier à leur juste valeur, il n'en est pas moins vrai qu'elles s'entraînent réciproquement dans le mal et qu'elles mettent leurs forces en commun pour accomplir une mauvaise action. Le grand public, hélas ! agit aussi sur elles, et presque toujours d'une façon funeste. Tel père de famille qui ne parle à ses enfants que le langage le plus mesuré, qui veille sur tous les actes qu'il accomplit en leur présence, n'a pas la même réserve devant les enfants des autres, et, quoique ce reproche doive être fait moins souvent aux mères, combien en est-il, surtout dans les classes populaires, auxquelles il peut être très justement adressé ! Les grands jeunes gens et les grandes jeunes filles, que les enfants imitent avec tant de plaisir, dont ils recherchent constamment la société, leur font bien plus de mal encore.

J'ai dû commencer, ma chère collègue, par vous faire

un tableau. qu'à votre âge vous n'aviez peut-être pas vu dans son ensemble. Le mal doit vous paraître plus grand et la tâche impossible. Ne vous effrayez pas cependant. A côté des mauvaises influences sont les bonnes, et le secours qui peut vous venir des divers milieux que je vous ai montrés sous leur jour mauvais est considérable aussi. C'est à vous de mettre de l'ordre dans ce chaos; c'est à vous d'utiliser tout ce qui est bon et d'éliminer ce qui est mauvais. Vous devez, pour bien faire, employer des moyens de deux sortes: un d'ordre général, les autres d'ordre spécial, particuliers à chaque enfant.

Le moyen d'ordre général le plus important, en réalité, car son action est constante et d'autant plus efficace qu'elle agit insensiblement et toujours, consiste à établir un bon esprit dans votre école. Je connais des maîtres et des maîtresses dont presque aucun élève n'est sorti du droit chemin et qui, au bout de quinze ou vingt années de séjour dans une commune, en ont considérablement élevé le niveau moral. Vous pouvez être de ceux-là, car votre succès dépend de vous-même. Soyez irréprochable dans votre tenue, dans votre conduite, dans vos démarches, dans votre langage ; soyez constante dans votre humeur, toujours égale à vous-même ; soyez réellement bonne, la bonté contient les autres choses ; soyez vigilante et dévouée, ferme et affectueuse, et telle en un mot que vos élèves ne doutent jamais de votre perfection comme maîtresse et comme femme. Vous ne tarderez pas à conquérir la confiance, l'affection et le respect. Les enfants, dont les sensations sont plus vives que celles des hommes, dont les jugements sont moins égarés par les passions, ne se tromperont pas sur votre compte, et votre autorité morale sera bientôt telle, que vous n'en verrez que par de rares exceptions quelques-unes chercher à s'y soustraire. Bien plus, leur confiance gagnera peu à peu les familles, qui en arriveront, presque toutes, comme je l'ai vu, à avoir autant de crainte de vous déplaire que leurs enfants elles-mêmes.

Les moyens d'ordre général et spécial, pour être plus variés, n'en doivent pas moins procéder d'une règle commune, être rattachés à la méthode générale d'enseignement. On vous l'a dit, ma chère collègue, l'éducation, pour être bonne, doit, en toutes choses, être conforme à la nature de l'homme, procéder selon ses tendances générales et selon qu'il procéderait s'il était absolument livré à lui-même. Cette règle, à laquelle tous les éducateurs se soumettent de plus en plus, est peut-être plus vraie encore lorsqu'il s'agit de développer chez les enfants le sentiment de leur responsabilité personnelle et le sentiment du devoir.

Les premières sensations que l'enfant éprouve sont celles du bien et du mal physique. Les premières relations qu'il établit sont entre lui et les choses qui lui causent une jouissance ou une douleur matérielles. Suivez la nature, commencez vos leçons comme elle. L'enfant, quand elle vous arrive, sait déjà éviter bien des choses qui peuvent lui faire mal, en rechercher d'autres qui lui donnent de la satisfaction. Montrez-lui, faites-lui sentir, par les exemples qu'elle aura sans cesse sous les yeux, que les maux physiques qui lui surviennent sont surtout causés par elle-même. Sa camarade l'a-t-elle frappée ? c'est qu'elle l'a provoquée, insultée ou frappée elle-même ; s'est-elle heurtée quelque part ? c'est qu'elle a été imprudente ; est-elle tombée ? c'est qu'elle a couru trop vite ou qu'elle n'a pas veillé où elle posait le pied, c'est qu'elle a grimpé au mur malgré votre défense. Sa responsabilité dans cet ordre de choses n'est point douteuse, et elle le sentira bientôt. Ne moralisez pas trop en pareil cas ; mettez-la seulement dans la voie des sages réflexions : un mot, un geste, un regard suffit et vaut mieux qu'un long discours.

A mesure qu'elle se fera de plus en plus à la vie scolaire, que l'influence du bon milieu que vous avez su créer agira sur elle avec plus d'efficacité, vous vous préoccuperez de faire naître le sentiment de sa responsabilité dans les choses d'ordre intellectuel et moral. Suivez-la constamment et vous lui prouverez, si vous avez su la convaincre de votre justice, que ses échecs n'ont pas d'autre cause que sa paresse, sa négligence ou son inattention, comme ses succès résultent de son travail, de sa constante application et de sa soumission aux avis reçus. En même temps, et par un heureux effet de ce qu'il y a de bon dans son naturel et de ce qu'il y a de juste dans son esprit, elle verra que les punitions qui lui sont infligées et les récompenses qu'elle reçoit sont la conséquence naturelle de son dédain ou de son respect pour ce qui est bien, de son mépris du règlement de l'école ou de sa vigilance à en observer les prescriptions.

A mesure qu'elle grandira, faites-lui jeter un regard autour d'elle. Si vous avez bien réussi jusqu'alors, elle comprendra d'elle-même que les misères, les hontes, les châtiments qui viennent frapper ceux qui l'entourent sont le résultat de leur inconséquence, de leur inconduite et de leurs infractions à toutes les règles que la société a établies pour sa bonne conservation. Elle voudra connaître, et vous saurez facilement le lui faire vouloir, les devoirs de toute nature, qu'elle aura à remplir, et le vif sentiment qu'elle a acquis de sa responsabilité la rendra forte pour lutter contre tout ce qui viendra la détourner de leur accomplissement.

Recevez, etc.

SUJETS A TRAITER

19. — Écrire à un jeune instituteur pour lui *définir la volonté;* lui *en faire connaître les avantages* pour un homme; lui indiquer les *moyens de la faire naître* chez l'enfant, *de la développer et de la régler* pour qu'elle ne se transforme pas en funeste entêtement.

20. — Écrire à une jeune institutrice pour lui

définir la liberté ; lui *dire en quoi elle consiste en général* et pour la femme en particulier, et indiquer les *moyens à prendre pour donner à* celle-ci *le juste sentiment* de celle qu'elle doit avoir.

21. — Démontrer que *sans la liberté, les actions* de l'homme *ne seraient ni méritoires ni répréhensibles,* et comment cette conviction peut être donnée aux enfants.

22. — Démontrer que *la liberté est le seul moyen d'arriver à la justice* et prouver aux enfants que s'ils n'étaient pas libres, ils ne pourraient pas être justes et qu'on ne pourrait pas l'être pour eux.

---

23. — Lettre à un instituteur pour lui expliquer ce qu'on entend par « Rapports des droits et des devoirs » et comment il est possible de faire saisir ces rapports par les enfants.

MON CHER COLLÈGUE,

L'un des articles du programme officiel de pédagogie, celui qui a pour titre : *Rapports des devoirs et des droits,* vous cause quelque embarras. Vous me dites que vous sentez mieux ces rapports que vous ne vous croyez capable de les faire comprendre. Il vous semble que vos élèves sont trop jeunes pour pouvoir être entretenus de matières si sérieuses, et vous ajoutez que vous avez, jusqu'à présent, cherché en vain un procédé qui vous permît de leur donner cet enseignement d'une façon utile et profitable.

Avant de traiter cette question avec quelque détail, laissez-moi vous dire que vous avez certainement beaucoup plus fait que vous ne pensez. Les rapports qui existent entre les devoirs et les droits sont tellement sensibles ou tellement faciles à établir, qu'il ne se passe pas une heure dans la journée pendant laquelle vos élèves ne soient par vous mis à même de les apprécier; car vous ne proclamez pas le droit de l'un d'entre eux à une récompense quelconque, sans déterminer de la manière la plus claire et la plus positive la relation directe du devoir à accomplir pour être capable de la jouissance du droit.

Cela dit, permettez-moi d'entrer dans quelques considérations générales, indispensables à la clarté du sujet qui nous occupe.

A l'heure présente, dans l'état actuel de la société, il serait oiseux de nous demander si l'homme a réellement des droits à exercer et des devoirs à remplir. Sa vie tout entière, privée, personnelle ou publique, est consacrée à remplir les uns et à jouir des autres. Mais, dans l'intérêt de notre enseignement, pour fixer la méthode à suivre et pour déterminer les moyens à employer, il convient de nous demander pourquoi l'homme a des droits et des devoirs, et d'examiner comment on a déterminé les premiers et imposé les seconds, et comment ils découlent nécessairement les uns des autres.

Comme tous les êtres, l'homme obéit à un double instinct: sa conservation personnelle et la conservation de son espèce. C'est cet instinct supérieur qui a engendré les droits et les devoirs. Physiquement, l'homme, pendant de longues années, au début comme au déclin de sa vie, ne peut lui-même assurer sa conservation. Moralement, il n'est pas fait pour vivre seul : un impérieux instinct de sociabilité, aussi puissant que le souci de sa conservation, et, du reste, nécessaire à celle-ci, le pousse à s'associer à ses semblables, pour un intérêt commun de défense ou d'attaque. La famille et la société sont résultées de ces divers instincts naturels. Dans la première, se sont établis, tout d'abord, le devoir pour le père de nourrir, de protéger et d'instruire l'enfant, le droit pour celui-ci d'être nourri, protégé et instruit, en même temps que s'établissait, pour l'enfant, le devoir de s'instruire pour être en état de nourrir et protéger son père à l'heure de son impuissance, comme d'assurer à ceux qui procéderaient de lui les avantages dont avait bénéficié son enfance.

A ces devoirs et à ces droits d'ordre presque matériel, d'autres s'adjoignirent bientôt. L'homme n'est pas seulement capable des actes de la vie physique, il n'est pas soumis aux seules lois matérielles. Il est aussi capable de sentiments d'où lui viennent le plus souvent ses joies et ses douleurs. Cette faculté supérieure établit à son tour, et simultanément sans doute, toute une série de devoirs et de droits résultant de l'amour du père pour l'enfant et de l'enfant pour le père, sans lesquels le bonheur et la durée de la famille eussent été impossibles.

La société qui résulta du groupement nécessaire des familles créa toute une série de droits et de devoirs nouveaux. Chacun des membres de ce nouveau groupe dut sacrifier une partie de sa liberté naturelle; chacun dut se croire obligé envers les autres à tout ce qu'il pensait avoir le droit d'en attendre, et la société fut d'autant plus parfaite, plus forte, plus heureuse, que la réciprocité des droits et des devoirs fut plus entière. De progrès en progrès, on en vint à formuler la règle suivante : à savoir que chaque homme doit à autrui tout ce qu'il croit lui être dû, c'est-à-dire que, dans une société, tous les hommes doivent être assujettis aux mêmes devoirs d'ordre général et peuvent exercer les mêmes droits.

Il nous reste à voir maintenant comment, dans notre école, nous pouvons procéder méthodiquement pour faire saisir à nos enfants quels rapports intimes lient les devoirs et les droits, et comment ils s'engendrent réciproquement. A coup sûr, rien dans notre enseignement n'est, à mon avis, plus important. La plupart des désordres qui troublent les familles et la société n'ont pas d'autres causes que l'exagération que chacun de nous se fait de ses droits et la méconnaissance qu'il a de ses devoirs et de leur origine. Heureusement rien n'est plus facile, à qui le veut bien, que de donner aux enfants des idées saines et fortes en pareille matière, et je ne vous dissimule pas que je regarde le père ou le maître comme très coupables, lorsqu'ils négligent de remplir une tâche pour laquelle tout, dans la vie et dans l'école, peut les servir.

Mais il ne s'agit pas du père, il ne s'agit que de nous, présentement. Que pouvons-nous faire? J'ai dit que tout, dans l'école, pouvait nous servir; il ne s'agit que de procéder avec ordre.

La première leçon doit venir de nous-mêmes. Nos fonctions nous donnent le droit de punir ou de récompenser tout enfant qui manque ou observe le règlement établi, mais elles nous imposent le devoir de l'instruire et de lui donner tout notre temps. Qu'il ne nous prenne jamais en faute dans l'accomplissement de notre devoir, et l'exercice de nos droits lui semblera tout naturel. Nous avons droit à son respect, mais il a droit au nôtre; ne l'oublions jamais. Nous avons droit à son obéissance dans une mesure déterminée; mais nous avons le devoir de ne l'exiger que dans cette mesure; n'en sortons pas. Il a droit à notre justice; ne manquons jamais de la lui faire bonne, tant pour le récompenser que pour le punir; il faut qu'il constate toujours que tout droit résultant de l'accomplissement d'un devoir présent ne lui a pas été refusé.

Notre vigilance doit être plus grande encore lorsqu'il s'agit de ses relations avec ses camarades. Ils forment entre eux une petite société de membres égaux, ayant exactement les mêmes droits et les mêmes devoirs, soit envers nous, soit envers eux-mêmes. Il nous sera facile, avec une suffisante attention, de lui montrer là, plus que nulle part, combien le droit et le devoir sont en réalité même chose. L'enfant veut être respecté, son devoir est de respecter les autres; il veut être aimé, son devoir est d'être bon; il ne veut être ni violenté, ni entravé dans sa liberté, il faut qu'il ne violente ni ne gêne personne; il veut avoir une place supérieure à celles de ses émules, qu'il voie clairement qu'il ne peut l'obtenir si la perfection de son travail ne l'en rend pas digne.

Si vous avez réussi jusque-là, si les enfants ont bien vu comment, dans l'école, le droit est toujours résulté du devoir accompli, il ne vous sera pas difficile, avec vos élèves des divisions supérieures, d'étendre le champ de vos observations et de les amener à comprendre qu'il en est de même dans la famille et dans la société. Ils comprendront facilement alors ce qu'ils doivent à leurs proches et aux autres hommes, si vous savez leur montrer tout ce qu'ils en reçoivent. Vous pourrez aller plus loin, vous pourrez leur faire comprendre que s'ils doivent jouir un jour des droits du citoyen, c'est à la condition de remplir toutes leurs obligations envers la nation et de ne rien faire ni contre elle ni contre quelqu'un de ses membres.

Je terminerai cette longue lettre, mon cher collègue, par une dernière observation, mais non pas la moins importante. Dans la vie, les enfants verront beaucoup d'hommes jouir de droits spéciaux, dont la majorité des citoyens ne jouissent pas. Gardez-vous de leur laisser croire que ceux-là bénéficient d'un privilège. Dites-leur bien que le magistrat, le général, le professeur, en un mot personne parmi ceux à qui la société a confié le soin de ses intérêts, depuis le Président de la République jusqu'au plus humble fonctionnaire, n'est privilégié en aucune sorte. Faites-leur voir, et ce sera peut-être la meilleure façon de leur faire comprendre le rapport des droits et des devoirs, que ces hommes, privilégiés en apparence, n'ont été pourvus de droits particuliers que parce qu'ils ont d'abord rempli le devoir de s'en rendre capables et dignes, et qu'ils ont en outre celui de remplir des obligations incombant à eux seuls et qu'ils ont assumé la redoutable responsabilité de le faire à la satisfaction de tous.

Recevez, etc.

SUJETS A TRAITER

24. — Faire connaître les *devoirs du jeune garçon envers ses parents* et montrer comment un maître habile peut procéder pour en pénétrer ses élèves et les amener à les remplir.

25. — *Même travail* pour les petites filles.

26. — Expliquer ce qu'on entend par *sensibilité morale* et montrer comment on peut la développer à l'école.

---

27. — Indiquer, dans une lettre à une institutrice, comment elle peut agir pour former ou modifier le caractère de ses élèves.

MA CHÈRE COLLÈGUE,

Vous avez pu vous en apercevoir déjà, rien n'est plus varié que le caractère des enfants; rien n'est plus précieux pour un homme, comme pour une femme, que de posséder ce que le monde appelle un bon caractère. Agir sur nos élèves afin qu'on puisse dire d'elles qu'elles possèdent ce don précieux, est une des choses importantes de l'éducation.

Avant d'essayer de vous donner quelques conseils et de vous guider dans ce travail si délicat, je ne crois pas inutile d'arrêter votre esprit sur le sens du mot lui-même.

S'il est très commun d'entendre dire de telle personne ou de tel enfant : « C'est un bon ou un mauvais caractère, » il est bien rare d'entendre donner les raisons d'un jugement si favorable ou si sévère. Ceux qui sont jugés de la même façon, en bien ou en mal, se ressemblent le plus souvent si peu par leurs bonnes ou mauvaises qualités, qu'on devrait être tout surpris de les voir l'objet de la même appréciation. On ne l'est pas cependant ; et, chose étonnante, cette décision dont la raison n'est jamais donnée, qui est prise presque spontanément, est une de celles sur lesquelles on ne revient guère et qui est la plus facilement acceptée de tout le monde.

Mais on ne dit pas seulement que le caractère de quelqu'un est bon ou mauvais, on y ajoute bien d'autres qualificatifs, tels que ferme, souple, hautain, faux, mobile, et bien d'autres.

On va même plus loin et il n'est pas rare d'entendre dire simplement d'un homme : c'est un caractère ; comme il n'est pas moins commun d'entendre dire d'un autre : c'est un homme sans caractère.

Vous le voyez, ma chère collègue, rien n'est moins défini que le mot *caractère*, rien n'est plus variable que le sens qu'on y attache. C'est qu'aussi rien n'est plus multiple que ce qui fait le fond du caractère, que ce qui contribue à le former définitivement. Le caractère, en effet, est l'ensemble des qualités bonnes ou mauvaises, naturelles ou acquises, intellectuelles ou morales, morales surtout, dont les mille manifestations extérieures se résument toujours et en toute circonstance en un trait saillant, qui est le signe distinctif de chaque individualité. Tous les actes de la vie sont soumis à l'influence du caractère de chacun. C'est de lui que dépendent les relations faciles et douces dans la famille et dans la société ; les actions honnêtes et généreuses et les actions basses et viles. C'est lui qui fait l'homme persévérant dans le bien ou dans le mal, constant ou mobile dans ses affections, grave ou léger, en un mot digne ou indigne dans sa conduite publique ou privée.

Le caractère résulte des dispositions naturelles de l'individu modifiées par les influences diverses auxquelles il est soumis jusqu'à la constitution parfaite de sa personnalité. C'est un composé de ces dispositions et des habitudes bonnes ou mauvaises assez invétérées pour être devenues comme une seconde nature. Si tous les enfants ont en eux les mêmes instincts, le germe des mêmes passions, il n'est douteux pour personne que ces instincts et ces passions soient inégalement développés chez chacun d'eux. Livrés à eux-mêmes, soustraits à toute influence extérieure, ils subiraient celle des passions ou des instincts dominant en eux, et ils seraient certainement très différents les uns des autres. Cette diversité des caractères résultant de la nature peut être modifiée, mais non détruite ni affaiblie par l'éducation. Il faut du reste s'en réjouir, car l'uniformité des goûts, des tendances, des aptitudes chez tous les membres du corps social serait un véritable malheur public et le plus grand obstacle à tout progrès. Il ne s'ensuit pas qu'il faille laisser l'enfant à lui-même. La vie sociale demande que chacun arrondisse ses angles pour que le frottement ne soit pas douloureux. C'est une véritable machine dont chaque individu est un rouage, et qui fonctionne d'autant mieux que ses pièces sont plus polies et plus parfaitement appropriées à leur destination.

Vous comprenez comme moi, ma chère collègue, qu'il importe que le caractère de la femme soit formé en vue de la place qu'elle occupe. C'est d'elle surtout que dépend le bonheur de la famille. C'est elle, croyez-moi, qui en fait la joie ou la douleur. Nous ne pouvons pas prétendre à la préparer seule à la vie: son caractère se ressentira malgré nous de son naturel et de l'influence qu'exercent sur elle sa famille et ses compagnes. Mais l'action de la famille est rarement réglée et voulue: elle est tantôt bonne, tantôt mauvaise, selon l'heure, le lieu, les circonstances; celle de ses compagnes est plus irrégulière encore. Celle du naturel seul est constante et ne peut être systématiquement soutenue dans ses bons effets et contre-balancée dans ses mauvais que par la nôtre. Nous sommes plus désintéressées que la famille, plus libres d'esprit pour bien juger l'enfant; c'est pourquoi nous pouvons être plus fermes et plus constantes pour lui donner de saines habitudes de corps et d'esprit.

Dans cette œuvre, n'oublions jamais l'objet de nos soins. C'est une épouse, une future mère de famille, une maîtresse de maison que nous devons former. Elle devra être avant tout aimante et dévouée : habituons-la au sacrifice qu'elle devra faire d'elle-même, par le tableau des mauvais effets de l'égoïsme, par l'exemple du bien qui résulte de nos renoncements nécessaires, et faisons-lui éprouver les joies sûres que laisse le dévouement. Elle devra être vigilante, laborieuse et économe : combattons ses instincts opposés et développons ses penchants favorables; exigeons d'elle que son travail soit bien fait au temps fixé, qu'elle soit toujours prête à l'heure convenue, qu'elle soit soigneuse de conserver les choses dont elle a l'usage. Elle devra être douce, soumise, agréable; agissons sur elle par l'exemple des maux que se causent celles d'entre nous qui ont les défauts contraires; faisons-lui remarquer combien leurs compagnes violentes, acariâtres font souffrir les autres, et combien plus encore elles souffrent elles-mêmes de leurs mauvaises qualités. Elle devra être la première institutrice de ses enfants, leur conseillère habituelle, le guide éclairé de leurs premiers pas : habituons son esprit à juger sainement de toutes choses et à se rendre un compte rigoureux de ce qui est mal en toute occasion; l'amour maternel disposera plus tard de sa raison sûre et fera d'elle, sans effort de sa part, une merveilleuse institutrice, dont les leçons seront d'autant plus efficaces qu'elles seront ou paraîtront plus spontanées,

J'aurais voulu, ma chère collègue, après ces considérations générales, pouvoir vous signaler des moyens particuliers pour agir sur chaque enfant. Je recule devant une tâche impossible. Ces moyens n'ont rien de fixe. Je ne connais pas vos élèves, et les connaîtrais-je que mon embarras n'en serait pas beaucoup moins grand. La manière de procéder pour chacune d'elles ne dépend pas seulement de son état général, elle dépend aussi de l'heure, du lieu, des circonstances qui ont produit la faute à corriger, la bonne action dont il faut faire l'éloge. Ayez toujours votre tâche présente à l'esprit, soyez vigilante, et vous trouverez, n'en doutez pas, le moyen qui convient le mieux à l'heure où il est nécessaire ; ayez le juste sentiment de votre responsabilité; aimez ce que vous faites et celles pour qui vous le faites : votre intérêt et votre affection doubleront votre clairvoyance, et, votre expérience grandissant, ce sera sans effort que vous dirigerez sûrement votre petit monde et que vous donnerez à chacune les plus saines habitudes de penser et d'agir.

Recevez, etc.

SUJETS A TRAITER

28. — *Même lettre* à un instituteur.

29. — Faire un exposé des *instincts divers et naturels de l'homme*. Indiquer les moyens de les régler dans l'enfant.

30. — Définir l'*habitude* ; en indiquer les *effets bons ou mauvais*, et exposer comment les enfants peuvent prendre de bonnes habitudes à l'école.

IV. ÉDUCATION INTELLECTUELLE

81. — **Écrire à un instituteur pour lui faire connaître les moyens à employer pour développer l'attention, l'observation, le jugement et la mémoire des enfants.**

MON CHER COLLÈGUE,

Dans votre lettre, vous me dites justement que vous comprenez qu'il ne faut pas attendre que vos élèves aient déjà grandi avant de *cultiver leurs facultés maîtresses*, à savoir : *l'attention, l'observation, le jugement* et *la mémoire.* Mais vous vous demandez comment il vous sera possible de le faire dans votre école, où vous êtes seul, avec la charge de cinquante élèves d'âges divers et de développement intellectuel différent. Je conviens avec vous que la tâche est difficile, tellement difficile que beaucoup d'entre nous n'ont jamais entrepris de la remplir ou ne l'accomplissent que d'une manière imparfaite.

N'allez pas croire cependant, parce que je vous fais cette confession, que je sois d'avis qu'il faille renoncer à la tâche et laisser les enfants abandonnés au hasard. Telle n'est point ma pensée, car je suis convaincu qu'avec de la bonne volonté, de la vigilance et de l'ordre dans l'esprit, il est possible de trouver du temps et des moyens pratiques pour résoudre le problème.

La façon même dont vous l'avez posé, l'ordre dans lequel vous avez classé les facultés me prouvent que vous l'avez compris, et me donnent l'espoir que vous en trouverez la solution. L'observation est en effet la faculté qui s'exerce tout d'abord. A peine l'enfant a-t-il ouvert les yeux et commencé à percevoir les sons que déjà il est impressionné par la forme et la couleur des objets qui l'entourent, et qu'il cherche à se rendre compte des bruits qui viennent frapper son oreille. Il ne tarde pas longtemps, si toutefois il tarde davantage, à apprécier le goût et l'odeur des choses, comme à éprouver les sensations du chaud et du froid et toutes celles qui lui viennent par le toucher. Peu à peu, après avoir senti par ses divers organes, il devient attentif aux personnes et aux objets, et l'heure où il juge d'où lui viennent la douleur et le plaisir ne se fait pas longtemps attendre. C'est alors qu'il fait usage de sa mémoire pour rechercher et solliciter tout ce qui, une première fois, lui a causé un bonheur matériel ou une émotion douce, et pour éviter tout ce qui, à un degré quelconque, l'impressionne douloureusement.

On vous l'a déjà dit bien des fois, mon cher collègue, si vous voulez réussir pleinement, suivez en tout la nature, secondez, mais ne troublez jamais le travail qu'elle accomplit dans l'enfant. Si vous êtes bien pénétré de cette vérité, vous vous apercevrez que vous pouvez continuer à l'école ce que l'enfant livré à lui-même a su faire seul si excellemment.

Avant de vous dire ce que je crois qu'il vous faut faire, laissez-moi vous dire ce qu'il vous faut éviter. Voyons ensemble ce qui se passe un peu partout, le jour où le pauvre enfant quitte pour la première fois sa mère et ses libres jeux pour venir à l'école. Généralement, on commence par le faire lire et compter. On le met en face d'un tableau sur lequel sont tracés des signes bizarres qui ne parlent pas plus à son esprit qu'à son cœur ; puis on l'envoie avec un certain nombre d'autres élèves, dans un coin de la classe où un camarade plus âgé lui fait gravement répéter les noms des dix premiers nombres, noms qui ne lui disent pas plus que les hiéroglyphes qu'on lui avait fait contempler pendant une heure entière. La journée se passe dans la fade répétition des mêmes exercices. A-t-il pu, pensez-vous, dans cette première journée, observer, être attentif, comparer et juger ? Peut-il avoir retenu quoi que ce soit des choses qu'il a vues, un seul des mots qu'on lui a répétés ? Poser la question c'est y répondre ; et, hélas ! combien de jours semblables s'écouleront sans qu'il en soit autrement ! Peu à peu toutefois sa mémoire, faculté la plus complaisante, finit par retenir et les signes et les mots ; mais elle a seule ou presque seule agi aux dépens de l'observation, de l'attention et du jugement, sans lesquels jusqu'alors il n'avait rien fixé dans son esprit. Je n'ai pas besoin de vous faire remarquer qu'un tel procédé a nui à notre élève et que, s'il a un peu plus d'acquis qu'au moment de son entrée en classe, son éducation générale a été ralentie, sinon compromise.

Procédez autrement, mon cher collègue. Faites qu'en franchissant le seuil de l'école, l'enfant ne soit pas dépaysé et qu'il y retrouve comme un petit monde en raccourci, mais à peu près semblable à celui au milieu duquel il a toujours vécu. Aux choses qu'il a déjà vues, joignez des choses nouvelles ; à ce qu'il a déjà fait, ajoutez peu à peu quelque chose à faire ; mais que les choses que vous lui montrerez et les travaux auxquels vous l'astreindrez aient une relation prochaine avec tout ce qu'il a vu ou fait. Il observera avec plaisir ; son attention sera sollicitée sans fatigue, et le jugement qu'il pourra porter sur ce qu'il verra et fera sera assez sûr pour que sa mémoire enregistre tout avec fidélité.

Ne craignez pas de le retarder. La connaissance des choses et des personnes, qui est la science, n'a pas d'autre traduction que le langage, et bientôt l'enfant le sentira. Ce sera de lui-même et fort vite qu'il trouvera la relation qui existe entre la chose, le fait, l'idée et le mot qui l'exprime, et sans effort alors il retiendra ce mot qui lui rappellera la notion exacte de ce qu'il a vu et compris.

Tout d'abord son esprit ne pourrait saisir des idées purement intellectuelles ou morales ; jusqu'à présent il n'est guère sorti du monde matériel, et tout pour lui a besoin d'être concret. C'est à vous qu'il appartient de lui faire relier les deux mondes, de l'habituer à voir leurs étroites relations. Aussi, de quelques parties de l'enseignement qu'il s'agisse, n'oubliez jamais d'où il vient et où vous voulez le conduire. Promenez-le dans le monde matériel et ne lui faites pas franchir tout d'un coup le fossé qui le sépare du monde intellectuel et moral. Passez de l'objet matériel à l'image, avant d'arriver au mot qui est sa parfaite abstraction. Et, pour ne vous donner qu'un exemple ou deux en passant, faites qu'il ne connaisse le chiffre 3 qu'après avoir vu trois bûchettes d'abord, et ensuite trois lignes représentant les bûchettes. Faites qu'il ne vous dise jamais ce que c'est qu'une île qu'après avoir vu une île réelle ou artificiellement construite par vos soins, et en avoir regardé l'image tracée par vous ou dessinée sur une carte.

Je ne vous tais pas, mon cher ami, que je le voudrais voir longtemps ainsi exercé avant qu'il apprît à lire. Les abstractions qu'il aurait ainsi faites l'amèneraient instinctivement à faire cette abstraction plus complète, mais nécessaire, de représenter un être ou un objet par un mot, un son ou un mouvement des organes par un signe. Du reste, mon cher collègue, cette idée que j'émets frappe de plus en plus, et tous les bons esprits sont préoccupés de la bonne organisation à donner aux écoles maternelles pour que, désormais, l'enfant y exerce, de mieux en mieux, les quatre facultés dont nous avons parlé.

Je m'arrête, mon cher collègue ; excusez-moi si je ne me suis pas fait suffisamment comprendre, bien que je croie vous avoir donné la marche générale à suivre, et l'avoir assez bien indiquée pour que vous puissiez concevoir les exercices spéciaux qu'il vous faudra faire faire pour ne pas vous en écarter et pour travailler utilement.

Recevez, etc.

SUJETS A TRAITER

32. — Donner, en quelques mots, quelques notions sur les *facultés de l'intelligence.*

33. — Indiquer les diverses *connaissances que l'enfant acquiert à l'école* et dire quelles facultés, physiques et intellectuelles, sont principalement nécessaires pour l'acquisition de chacune d'elles.

34. — Dire *comment et dans quel ordre chacune des facultés se développe*, et dire comment la mère peut procéder pour aider à ce développement.

---

35. — Lettre à un instituteur pour lui indiquer ce qu'on entend par **méthode naturelle**.

MON CHER AMI,

Vous voulez que je vous explique ce qu'on entend par *méthode naturelle* et que je vous indique comment il est possible de l'appliquer dans nos écoles.

Je ne vous cache pas que votre demande me cause un sérieux embarras. Comme beaucoup de mes collègues, je sens mieux ce qu'on entend par méthode naturelle que je ne saurais l'exprimer. Quoi qu'il en soit, je vais faire mes efforts pour vous contenter et tâcher de vous exposer, le plus clairement possible, ce que ceux qui s'occupent d'éducation ont coutume d'appeler méthode naturelle, — mais, ce qu'on ferait mieux, selon moi, d'appeler simplement *la méthode*.

En éducation, comme en instruction, suivre la méthode, c'est diriger l'enfant par les procédés qu'il emploierait lui-même, s'il était seul, pour se rendre compte des choses qui l'entourent et des phénomènes qui se produisent. On estime, avec raison, qu'en dirigeant l'enfant selon sa nature, en régularisant seulement les efforts physiques et intellectuels qu'il est porté à faire, on double sa puissance d'acquisition, tout en ménageant ses forces et en lui épargnant toute contrainte douloureuse. Quand il s'agit des efforts physiques, la démonstration est facile à faire : la douleur résultant de tout écart des lois physiques qui régissent nos mouvements nous avertit brutalement de notre faute. De même, les souffrances qu'entraînent nécessairement l'abus de nos forces et l'excès de nos jouissances, nous préviennent, non moins sûrement, que nous avons eu tort d'agir sans mesure et sans règle.

Mais, lorsqu'il s'agit de l'intelligence, nos erreurs nous apparaissent moins clairement : nous attribuons nos insuccès bien plus volontiers au manque de dons naturels de l'enfant qu'à la faute que nous avons commise.

C'est pourquoi il convient que nous nous rendions un compte exact des procédés naturels de l'esprit de l'enfant, afin de le maintenir dans sa voie, au lieu de l'en détourner et d'ajouter nos forces aux siennes pour augmenter sa puissance d'action.

Pour acquérir seul la science, et pour la faire tourner à son profit, l'enfant, livré à lui-même, ne ferait pas autre chose que ce que l'humanité a fait de tout temps. Naturellement, il procéderait comme elle l'a fait pour créer la science dont nous bénéficions aujourd'hui.

Il regarderait les êtres. Il considérerait d'abord leurs formes extérieures, ensuite leurs actes physiques, puis leurs actes intellectuels et moraux. Il observerait les phénomènes qui se produisent autour de lui; il en rechercherait la raison et la cause. Il comparerait entre eux les êtres et les phénomènes ; il établirait des rapports, et, dans une mesure faible encore, ne tarderait pas à en induire que les uns doivent être groupés selon leurs différentes manières d'être, pendant que les autres peuvent être considérés comme soumis à une même loi.

Ce classement des êtres fait selon leurs formes, leurs forces, leurs aptitudes, leur utilité constatée, il en déduirait bien vite les avantages qu'il peut en retirer, comme il chercherait à déduire toutes les conséquences des lois qu'il aurait trouvées. C'est bien ainsi que la science s'est faite et c'est bien ainsi qu'elle s'augmente chaque jour.

Ces quelques considérations vous suffiront, mon ami, pour vous faire comprendre en quoi consiste la méthode naturelle, qui se résume, comme vous le voyez, en quelques mots : *voir, observer, comparer;* pour induire la classification et la loi de ce travail de comparaison, déduire de la loi trouvée toutes les conséquences possibles.

Ces deux procédés, qu'on appelle *procédés d'induction et de déduction,* sont toute la méthode, et ils sont tellement naturels à l'esprit qu'il n'est pas étonnant qu'on ait cru devoir donner à cette méthode le nom de *méthode naturelle.*

Il me reste à vous dire, mon cher ami, quand et comment il convient d'appliquer l'un ou l'autre procédé de la méthode, et s'il est bon de les employer simultanément.

Je n'ai pas besoin d'insister pour vous faire comprendre qu'avec vos tout jeunes élèves, vous devez vous limiter aux exercices d'observation et à quelques exercices de comparaison, en ne les pressant pas trop tout d'abord et en leur laissant une assez grande somme de liberté. Ce n'est qu'un peu plus tard que vous les habituerez à prendre une décision, un peu plus tard que vous la leur inspirerez. Il faut aller plus vite que la nature. L'enfant doit bénéficier de tout l'acquis antérieur, et il est impossible de lui faire découvrir sans contrainte le peu de science dont il a besoin, car il a fallu des siècles pour que l'humanité acquît ce qu'il doit savoir à douze ans. Mais, si impérieuse que soit pour nous la nécessité d'aller vite, celle de conserver à l'enfant l'habitude de se décider en toute liberté, d'avoir le plus d'initiative possible, est bien plus grande encore. Il ne faut pas qu'il s'aperçoive que nous lui avons enlevé sa liberté de décision ou inspiré l'initiative de sa recherche.

C'est alors que vous pourrez sans crainte employer le

procédé de déduction, d'abord avec les quelques lois que vous lui avez fait découvrir, ensuite avec celles dont vous lui ferez l'énoncé. Il ne sera plus surpris ; il aura confiance. Il sait comment on découvre une loi, et les conséquences qu'il tirera avec vous de celles que vous vous bornerez à lui faire connaître le convaincront de leur réalité. Bien plus, instinctivement, il les remontera et se donnera à lui-même le plaisir de la découverte.

Pardonnez-moi, mon cher ami, d'avoir été si long ; mais, en matière aussi grave, je craignais d'être incomplet et je n'aurais pas voulu m'exposer à mériter vos reproches.

Recevez, etc.

SUJETS A TRAITER

36. — Exposer par deux exemples *ce qu'on entend par analyse et par synthèse.*

37. — Faire voir que l'*induction*, si nécessaire au développement de l'initiative, *doit faire place à la déduction* pour hâter l'acquisition des connaissances. Insister toutefois sur la nécessité de ne jamais abandonner complètement ce procédé d'enseignement.

L'ÉCOLE

I. — ORGANISATION PÉDAGOGIQUE

38. — **Lettre à un instituteur pour lui exposer en peu de mots en quoi consistent les divers modes d'enseignement.**

Mon cher ami,

Vous me demandez de vous exposer les *divers modes d'enseignement* successivement employés dans les écoles françaises, et vous me priez de vous en signaler brièvement les avantages et les inconvénients.

Vous savez déjà qu'ils sont au nombre de quatre, ainsi dénommés : mode *individuel*, mode *mutuel*, mode *simultané*, mode *mixte*.

L'ordre dans lequel ils sont placés est l'ordre historique, et je n'ai pas besoin de vous dire que l'emploi de chacun d'eux est résulté de la nécessité des choses.

Le mode *individuel*, comme son nom l'indique, consiste à prendre les enfants un à un, et à donner à chacun la leçon qui convient a son degré d'instruction. Il est le premier en date et le plus universellement employé aujourd'hui encore, non par les instituteurs publics, mais par tous ceux qui, en dehors de ce corps, ont charge de travailler au perfectionnement physique, intellectuel et moral d'un enfant. C'est le mode suivi par la mère dès le début de la vie de son fils ou de sa fille; par le laboureur pour apprendre au jeune homme à tracer un sillon ; par le patron pour guider son apprenti ; par le sauvage lui-même pour dresser son rejeton à la chasse ou à la guerre. C'est le mode primitif, indépendant de la civilisation, résultant de la nature de l'homme plus que de sa volonté et de sa réflexion : il a été suivi de tout temps, il est antérieur à toute école. Il n'est donc pas étonnant que celui qui, le premier, se donna la mission ou fut chargé du soin d'élever les enfants, n'ait point songé à en employer un autre. Il est aujourd'hui absolument abandonné par tous les membres de l'enseignement ; car, dans nos écoles si nombreuses, son emploi est également nuisible à l'ordre, à la discipline et à tout progrès. En effet, dès que la classe compte seulement vingt élèves, le maître ne peut plus consacrer à chacun que quelques minutes dans la journée, pendant que les autres, livrés à eux-mêmes, s'abandonnent à leur besoin inné de dissipation. Je n'ai pas besoin de démontrer que l'action directe du maître sur l'enfant, si avantageuse à tous égards, perd toute son efficacité dès qu'elle n'est pas suffisamment prolongée.

Malgré tous ses défauts, le mode individuel a longtemps été le seul employé. La routine est puissante, le progrès toujours lent, et ce n'est qu'au commencement de ce siècle que le mode mutuel lui fut substitué dans nos écoles de ville.

Le mode *mutuel* est surtout une réaction contre le mode individuel, une exagération en sens contraire. Aussi, comme toutes les exagérations, n'a-t-il pu avoir de durée. Il fut, à son apparition, l'objet d'un véritable engouement. Pour être sincère, nous devons dire que cet engouement avait sa raison d'être, car le nouveau venu apportait à l'école un ordre et une discipline admirables. Dans ce système les enfants, rigoureusement groupés selon leur degré d'instruction, travaillaient tout le jour sous la direction de camarades plus avancés, tandis que le maître, déchargé du soin de dispenser l'instruction, surveillait tout le monde et dirigeait le travail. La classe générale finie, il réunissait tous ses jeunes auxiliaires et leur faisait la classe à son tour. C'était merveilleux en apparence. Tous ces groupes fonctionnant dans le plus grand ordre, toute cette activité enfantine parfaitement réglée séduisait tout d'abord.

Mais, si brillante que soit une médaille, elle a toujours son revers. On ne tarda pas à s'apercevoir que les résultats ne répondaient pas à l'attente. On vit que les jeunes moniteurs, si intelligents qu'ils fussent, ne pouvaient remplacer le maître et que leur action sur leurs petits camarades était nulle, ou à peu près. Ils n'avaient pas assez d'autorité pour inspirer la confiance; ils savaient trop peu et leur langage n'était pas précis; ils ne pouvaient être et n'étaient, en effet, que des distributeurs de mots, et non pas d'idées. On se détacha vite d'un mode d'enseignement où le maître n'avait pas de part.

C'est alors qu'on eut l'idée d'appliquer à l'école le *mode simultané*, en usage depuis longtemps déjà dans les lycées et dans les collèges. Dans ce système, suivi rigoureusement aujourd'hui dans toutes les écoles à plusieurs maîtres, les élèves sont partagés en cours ou divisions, comprenant tous les enfants ayant sensiblement le même degré d'instruction et confiés à un même maître. Dans ces conditions, l'ordre et la discipline sont choses faciles à obtenir: tous les élèves travaillent à la fois et ont une commune occupation; tous sont soumis à la direction d'un homme expérimenté; tous enfin sont animés de la plus salutaire émulation, parce qu'ils se sentent suivis et qu'ils n'ont pas à craindre que la justice du maître puisse être surprise; tous croient à ce qu'ils font; tous sont convaincus de la réalité de ce qui leur est enseigné, parce qu'ils ont confiance dans la capacité de leur instituteur.

Mais, si parfait que soit le mode simultané, il ne pouvait être appliqué dans toute sa rigueur aux écoles de campagne, où un seul maître a la direction d'un grand nombre d'enfants, d'instruction et d'âge différents.

Il a fallu le modifier, le combiner avec le mode mutuel pour en tirer bon parti dans ces sortes d'écoles.

C'est à cette combinaison qu'on a donné le nom de *mixte*. C'est le mode, mon cher ami, qui existe dans l'école où vous avez été élevé, et dans toutes les écoles à un seul maître.

Vous avez pu voir que vous étiez classés en plusieurs divisions recevant tour à tour les leçons du maître ; que la succession des devoirs à faire et des leçons à recevoir était établie de telle sorte que personne ne restait jamais inoccupé ; et vous avez été trop longtemps un de mes meilleurs moniteurs, pour ne pas vous souvenir qu'afin d'assurer les progrès des jeunes commençants des cours préparatoires, j'étais obligé d'avoir recours à vous et à vos camarades pour que tout se fît en son temps et que rien ne fût négligé.

A vous, etc.

SUJETS A TRAITER

39. — Un jeune instituteur expose *comment il a classé* ses cinquante élèves et comment il a organisé le travail de chacun.

40. — Un jeune instituteur indique pourquoi il emploie *le mode simultané mixte* dans sa classe. Il expose comment il a été amené à abandonner le mode simultané pur.

41.—Une jeune institutrice fait le *tableau de l'école* dont la direction vient de lui être confiée. Les enfants ont été instruits d'après le mode individuel ; elle expose les difficultés qu'elle éprouve à établir le mode mixte.

42. — Un directeur et trois maîtres viennent

d'être chargés d'une école mutuelle. Le directeur expose à l'un de ses amis comment il a fait pour organiser l'enseignement simultané.

---

43. — Lettre à un jeune instituteur pour lui démontrer la nécessité d'un bon emploi du temps pour l'établissement et le maintien de la discipline dans l'école.

MON CHER COLLÈGUE,

Je n'ai pas besoin de vous rappeler que le succès d'une école dépend de la discipline qui y règne; c'est un fait acquis et absolument indiscutable. Tous les maîtres en sont convaincus, et je dois dire à notre louange que chacun d'entre nous fait son possible pour l'avoir bonne dans son école. Cependant il me serait téméraire de soutenir que tous y réussissent; vous pourriez, en regardant autour de vous, me montrer un trop grand nombre d'exemples du contraire. Cet insuccès de tant d'instituteurs dont la bonne volonté ne saurait être niée est dû à deux causes principales : à l'influence personnelle du maître et à la mauvaise organisation du travail. Je ne vous parlerai pas de la première aujourd'hui ; j'aurais trop à dire et je serais trop long. Je me bornerai à vous entretenir de la seconde, que vous pourrez facilement éviter par l'usage réfléchi de votre raison et parce que, en telle matière, vous n'avez pas à lutter contre vos imperfections naturelles.

Vous ne me contredirez pas si je vous expose qu'un enfant inoccupé, quelle que soit sa volonté de toujours bien faire, cède parfois à son besoin de distraction ou de mouvement et devient une cause de désordre. Vous ne nierez pas non plus que celui qui ne sait pas ce qu'il a à faire à chaque heure du jour manquera le plus souvent d'être prêt à l'heure. L'enfant, d'ordinaire, n'est pas prévoyant, et, semblable à beaucoup d'hommes, il recule le plus qu'il peut l'heure du travail. Si le maître le devance, il trouve ses ordres méconnus, et il le punit; s'il vient trop tard, le fruit du premier effort est perdu, et l'élève est encore puni.

Dans les deux cas, l'enfant, qui ne se sent pas entièrement coupable, se révolte contre le châtiment. Peu à peu il perd le respect qu'il doit à son maître; il cesse d'avoir confiance dans sa justice et devient insoumis et intraitable. Enfin, si le travail qui lui est imposé n'est pas proportionné à ses forces et à son développement intellectuel, il s'irrite contre une tâche qu'il ne peut remplir dans le temps donné, ou qu'il lui est impossible d'accomplir avec une suffisante perfection. Cette irritation amène son dégoût pour le travail; bientôt il y renonce tout à fait. Les punitions pleuvent sur lui; il ne tarde pas à s'y habituer et à les accueillir avec indifférence et avec dédain, quelquefois avec une sorte d'orgueil. Il est alors véritablement dangereux; il devient l'âme de toutes les insubordinations et de toutes les révoltes.

Ce tableau, qui n'est point forcé, croyez-le, mon cher collègue, a depuis longtemps frappé nos chefs, et c'est à la connaissance de ce mal, plus grand autrefois qu'aujourd'hui, qu'est due l'obligation qu'on nous a faite de déterminer à l'avance l'*emploi du temps* et l'organisation du travail dans nos écoles. Nos chefs ont eu raison. Un emploi précieux de notre temps, une bonne distribution du travail peuvent détruire, ou du moins réduire considérablement le mal que je vous ai signalé. Depuis cette exigence, le mal a en effet diminué; mais il est grand encore, et par notre faute, je m'empresse de le reconnaître. Beaucoup d'entre nous, inhabiles ou indifférents, ont fait eux-mêmes, un peu au hasard, ou ont accepté des mains de l'administration, un tableau de l'emploi du temps, qu'ils n'ont pas suivi ou qu'ils n'ont pas pu suivre parce qu'il ne s'appliquait pas au milieu où ils étaient placés.

Une bonne distribution du temps et du travail, dans une école, doit, en effet, être soumise à des règles particulières variables avec les nécessités de la population qu'elle doit servir et le degré d'instruction où sont arrivés les enfants de la localité. Je ne crains même pas d'affirmer qu'il est nécessaire de la modifier souvent, presque tous les ans même. Un maître soucieux de bien réussir est sans cesse sur ses gardes et ne doit jamais laisser passer l'heure où une amélioration doit être apportée.

Mais, quoi qu'il en soit de ces nécessités de temps et de lieu, qu'il est impossible de prévoir, que l'instituteur seul connaît, et dont il faut qu'il tienne compte, il n'en est pas moins vrai que son emploi du temps ne peut être bien fait que si ces règles particulières sont sagement combinées avec certaines règles générales, dont il ne peut s'écarter sans danger. La première et la plus importante, c'est qu'il faut absolument qu'aucun enfant ne reste un seul instant inoccupé, soit qu'il reçoive directement une leçon du maître, soit qu'il travaille sous la direction d'un moniteur, soit qu'il ait à faire un devoir écrit. La seconde, c'est que toutes les parties du programme soient chaque semaine, chaque jour même autant que possible, et toujours à la même heure, l'objet de soins dont la durée soit proportionnée à leur importance, à leur utilité locale et à la facilité avec laquelle les enfants peuvent les recevoir. La troisième, c'est que l'ordre des travaux soit tel, qu'à un exercice demandant une grande contention d'esprit succède toujours un exercice où le corps a la part la plus considérable.

Si le temps et le travail sont ainsi distribués dans votre école, l'ordre le plus parfait y règnera bientôt. Les enfants, habitués à ce qu'ils doivent faire, s'y mettront d'eux-mêmes, sans distraction; bien fixés sur la nature de leur travail, certains de l'heure où il leur faudra faire leurs preuves, ils se tiendront sur leurs gardes; les leçons seront mieux sues, les devoirs mieux faits, et les punitions rares; le repos relatif qu'ils prendront à l'heure d'un exercice facile, leur rendant la vigueur pour accomplir une tâche plus ardue, ils garderont leur bonne humeur et leurs bonnes dispositions du matin. De là un plus grand contentement du maître, des progrès et de la joie pour les élèves. L'école, devenue un séjour d'ordre, de travail, de paix, de bonheur pour tous, empêchera le développement des sentiments mauvais; l'esprit général en sera bon, et les enfants disposés au mal, ne trouvant aucun écho chez leurs camarades, prendront vite le ton et marcheront au pas de tous.

Dans ces conditions, il vous sera facile d'établir et de maintenir une bonne discipline. Elle ne sera plus troublée que par accidents et encore ces accidents ne se produiront-ils pas, si vous avez toujours la tenue et le langage qui conviennent à un véritable instituteur.

Agréez, etc.

SUJETS A TRAITER

44. — Lettre à une institutrice pour lui démontrer *l'influence du journal de classe:* 1° sur les progrès des élèves; 2° sur la discipline.

45. — Lettre à un instituteur pour lui exposer *l'ordre dans lequel les exercices doivent se succéder.*

46. — Un instituteur expose ce qu'il entend par intuition et enseignement par l'aspect.

MON CHER AMI,

Vous me demandez quelques éclaircissements sur ce qu'on entend par *l'intuition* et *l'enseignement par l'aspect*, basé lui-même sur cette faculté. Je vais tâcher de vous satisfaire, et, pour procéder avec méthode, je vous rappellerai d'abord la définition du mot *intuition*.

« L'intuition est la connaissance claire, directe, immédiate de la vérité sans le secours du raisonnement. »

Nous ouvrons les yeux, nous apercevons une maison, des arbres; nous touchons un corps, nous le trouvons chaud, froid, — c'est grâce à nos facultés intuitives que nous avons une connaissance immédiate de ces vérités. Lorsque l'enfant arrive au monde, incapable de raisonner et de se rendre compte de ses impressions, l'intuition est le premier et le seul acte dont il soit capable. Il voit, il sent, il touche, il entend, il goûte, et, par les cinq sens, arrive ainsi, sans le secours de personne, à distinguer les choses qui l'entourent. Pour élargir le cercle de ses connaissances, pour lui en faire acquérir un plus grand nombre, dans un temps plus court, il n'y a qu'à le guider et à l'aider. L'intuition est donc la méthode indiquée par la nature dans la première éducation; c'est le moyen rationnel, conforme au développement de l'esprit humain, conduisant de l'objet à l'idée.

Ceci dit, mon cher ami, il est à peine nécessaire d'ajouter que l'enseignement par l'aspect n'est autre chose que l'application de cette méthode naturelle à l'éducation de l'enfant. Mais il nous reste à chercher le moyen pratique pour que cet enseignement soit le plus profitable.

Le voici résumé dans les règles suivantes, formulées par un maître illustre :

« Élargir toujours plus le cercle de l'intuition ;

« Imprégner d'une façon claire, déterminée, les intuitions dont les enfants ont conscience;

« Leur donner la science du langage, pour tout ce que la nature et l'art ont porté ou porteront à leur connaissance. »

Tirez donc premièrement profit de la vue des choses. Pour tout objet réel, sur lequel leur attention sera appelée, demandez-leur ce qu'ils en savent concernant la couleur, la forme, la position, le nombre, les membres, etc...; rectifiez leurs expressions; fournissez-leur celles qui leur feront défaut. Vous leur aurez déjà donné un fonds précieux, quand vous les aurez mis à même de reconnaître les caractères d'un corps, de nommer par leur juste nom les impressions si diverses qu'ils reçoivent du monde extérieur. De petites promenades, organisées le jeudi par exemple, dans lesquelles vous montrerez à vos élèves les minéraux, les plantes, les animaux, en étudiant toujours plus minutieusement leurs qualités, seront le moyen le plus prompt et le plus efficace d'arriver sûrement au but. C'est ainsi que vous leur donnerez rapidement et sans peine cette connaissance fondamentale des choses, base première de toute instruction, qui les fera s'intéresser vivement à leurs premières lectures, parce que derrière le mot ils verront la chose.

Mais, comme il est impossible de montrer aux enfants dans leur état de nature toutes les choses qu'ils doivent connaître, il faut les amener à s'en faire une idée exacte autant que possible, en les habituant à la représentation des choses qui leur sont déjà familières, par des modèles bien travaillés et des dessins fidèles. Une fois accoutumés à reconnaître, sur les gravures de leurs livres, la plante qu'ils ont vue dans les champs, ou le cheval qu'ils ont rencontré dans la rue, ils se représenteront d'après l'image les plantes et les animaux exotiques qu'il ne leur est pas donné de voir en réalité. Leur vive imagination les leur montrera vivants, avec tous leurs attributs, que vous leur aurez appris à reconnaître. De même, la moindre

3.

planche représentant un lac ou une montagne leur donnera une plus juste idée de ces deux choses que toutes les descriptions qu'on en saurait faire.

L'esprit des enfants n'est pas porté à l'abstraction. Il faudrait au contraire, s'il était possible, tout concréter. C'est parce qu'on sent la nécessité de l'enseignement par l'aspect qu'on fait de tous côtés les plus grands efforts pour arriver à fournir chaque classe d'un matériel scolaire complet. Le seul moyen de bien faire comprendre à un enfant ce que c'est que le franc, c'est de lui mettre une pièce de vingt sous sous les yeux : vient ensuite l'explication de sa composition. En vain lui définirait-on mille et mille fois que le mètre est la dix-millionième partie du quart du méridien terrestre, que le gramme représente le poids d'un centimètre cube d'eau distillée, tant qu'il n'aura pas vu, touché le mètre, le gramme, le cube, il n'en aura qu'une conception vague ; ce ne sera jamais là, pour lui, que des mots.

Et voilà, mon cher ami, ce que nous devons avant tout éviter : le mot, en tant que mot pur et simple. Jusqu'à présent, dans l'éducation de l'enfant, nous ne nous sommes occupés que d'objets matériels, tombant sous les sens. Mais il entend souvent parler d'amour, de devoir, d'honneur, de liberté, de patrie. Ce sont là des abstractions que nous sommes obligés de définir exactement. Et comment arriverons-nous à lui en faire comprendre la juste signification, si nous ne l'avons préparé à voir dans le mot, soit écrit soit parlé, la représentation d'un objet déterminé, le signe, la manifestation extérieure d'une idée distincte.

Un enfant a vu un cheval ; vous lui montrez un dessin représentant l'animal. Il le reconnaît : vous écrivez au-dessous le mot *cheval*. C'est fini, il a une idée nette de l'objet. Le mot *cheval* ne sera plus pour lui un vain assemblage de deux sons, ce sera un signe qui évoquera dans son esprit une image claire de l'animal. Ainsi préparé pour les objets matériels, habitué à voir dans un mot la chose même dont il est la représentation, l'enfant ne demande, quand on passe aux abstractions, qu'à être dirigé de la même manière. Donnez-lui une définition claire de la *patrie* : le mot s'imprègne dans son souvenir ; désormais il éveillera en lui l'image d'une sorte d'objet immatériel, doué de tous les attributs que vous lui aurez donnés dans votre définition.

Je n'ai fait que vous indiquer brièvement ce qu'on entend par l'enseignement par l'aspect ; il serait trop long, et inutile d'ailleurs, de vous parler de son application à chaque branche de l'instruction : vous êtes intelligent et un seul indice vous suffit. Je n'ai pas besoin non plus de faire ressortir à vos yeux toute l'excellence de cet enseignement, toute son importance. Vous savez aussi bien que moi que la plupart des fautes et des erreurs des hommes, de leurs discussions et de leurs différends, viennent de ce que les mots qu'ils emploient n'offrent à leur esprit rien de parfaitement précis, de ce qu'ils n'en connaissent pas toute la valeur, ou qu'ils se méprennent sur leur véritable sens. C'est donc à nous qu'incombe le devoir de préparer les hommes à ne pas se contenter de notions vagues et indécises, de les former à se pénétrer en tout de l'exactitude et de la vérité.

Agréez, etc.

SUJETS A TRAITER

47. — Une institutrice expose à une de ses anciennes adjointes ce qu'on entend par *procédés d'exposition et d'interrogation.* Elle fait connaître l'insuffisance de chacun de ces procédés et les avantages de leur intelligente combinaison.

48. — Un instituteur engage un de ses anciens élèves à *ne jamais donner ni une leçon ni un devoir sans les avoir préparés par un exercice oral.* Il fait connaître les avantages de ce procédé d'enseignement et indique comment il le met en pratique.

49. — Une institutrice engage une de ses collègues *à ne pas confondre l'interrogation qui a pour but de s'assurer si une leçon est bien sue avec celle qui a pour but de préparer une leçon nouvelle.* Elle dit combien la première est peu importante et combien il faut soigner la seconde par une sérieuse préparation.

———

50. — Exposer à une institutrice les **avantages de la méthode interrogative** et de son application aux exercices oraux.

MA CHÈRE COLLÈGUE,

Lors de sa dernière visite, votre inspecteur vous a conseillé d'employer la *méthode d'interrogation* pour la préparation de vos leçons, que vous vous borniez jusque-là à exposer à vos élèves en les leur expliquant le mieux possible. Le désir de M. l'inspecteur vous inquiète, parce que vous ne comprenez pas, dites-vous, comment vous pouvez obtenir des réponses d'enfants qui ne se sont pas encore occupés de la leçon que vous devez leur donner à apprendre.

Laissez-moi vous dire que vous vous trompez et que vous ne me paraissez pas avoir bien compris la pensée de votre chef. Vous semblez croire qu'il vous demande d'interroger vos élèves sur leur leçon prochaine pour vous assurer de ce qu'ils peuvent en savoir déjà par hasard, ou qu'il se borne à vous conseiller de les questionner pour s'assurer qu'elles ont profité de vos explications.

Ce n'est point cela seulement que votre inspecteur désire. Sa pensée est tout autre et d'une plus grande portée pédagogique. On vous l'a dit et vous avez pu l'observer souvent: les enfants ont avant tout besoin d'agir et sont avides de découvertes. Ils aiment à trouver eux-mêmes, et rien ne les ravit comme la conviction d'avoir seuls reconnu ce qui est vrai ou bon. Les interrogations bien faites, bien conduites de leurs maîtres peuvent leur causer cette joie sans laquelle l'école est pour eux un séjour de souffrance ou, tout au moins, de gêne.

Quand nos petites filles nous arrivent, qu'elles aient ou non passé par l'école maternelle, elles ne sont pas absolument ignorantes. La vie seule les a mises en possession d'une certaine quantité d'idées, dont elles ont une notion vague, quelquefois précise. C'est de ces idées que vous pouvez vous servir pour les aider dans leurs petits travaux d'invention, sans nuire en rien à leur liberté, qu'il faut leur garder aussi entière que possible, ni à leur spontanéité, dont il faut plutôt exciter que réduire la vivacité.

Rien ne leur plaît tant que de causer avec nous, et elles préfèrent nos entretiens à nos leçons. Elles aiment à questionner, mais à l'être aussi. Répondre, faire preuve de savoir est pour elles un vrai bonheur; mais nous aurions vite fait et elles seraient bientôt lassées si nos questions n'avaient pour objet que ce qu'elles savent. Elles resteraient muettes et leur mutisme obligé serait pour elles une cause de honte et de douleur qui nuirait certainement à notre œuvre.

Mais combien plus heureux seront les résultats si nos entretiens sont dirigés avec art! Ce qu'elles ont à apprendre se rattache toujours, d'une façon ou d'une autre, à ce qu'elles savent déjà. Des questions bien posées leur font saisir ce lien, de même qu'elles mettent en lumière bien des points restés obscurs « dans les choses qu'elles croyaient connaître ». Cette clarté, qui se fait dans leur conscience, n'éclaire pas seulement les idées connues,

elle rayonne sur les idées voisines et les leur fait apercevoir. Il est facile alors, par de nouvelles questions,
de les amener à les voir avec certitude. En les reliant
à celles qu'elles connaissent déjà, en les comparant
ensuite, la vérité entière leur apparaît et rien n'égale
l'empressement avec lequel elles la formulent à leur façon.

C'est de cette sorte d'interrogations qui mènent à la
découverte des idées qu'on a voulu vous parler, ma chère
collègue, car elles sont le procédé d'éducation ou d'instruction le plus efficace qui puisse être employé à l'école
primaire. L'intuition, dont il ne faut pas médire, se fait
beaucoup plus sans nous qu'avec nous. Elle ne cesse
qu'avec la vie; mais elle est surtout libre et nous pouvons beaucoup plus en profiter que la diriger. L'exposition est un moyen plus savant, dont nous ne pouvons
guère user qu'avec nos élèves des cours supérieurs, et
dont nous ne tirons même un bon parti qu'à l'aide de
l'interrogation. Avec celle-ci, nous pouvons, dans un
seul instant, attirer l'attention de nos élèves sur bien
des objets, les obliger à les regarder un à un, à en examiner toutes les parties, à les comparer entre eux, leur
en faire connaître l'utilité immédiate ou lointaine,
l'agrément que nous pouvons en retirer.

Cette méthode interrogative ne nous sert pas seulement pour les leçons. C'est encore avec elle que nous
pouvons faire utilement les exercices oraux qui en
amènent l'application. Les leçons de l'école n'ont d'autre
objet que de préparer les enfants à l'action. Tous les
principes que nous leur donnons, toutes les règles dont
nous remplissons leur mémoire n'ont de valeur pour
eux qu'autant qu'ils peuvent les mettre en œuvre, et
nous ne saurions trop nous hâter de les leur faire utiliser. Ce n'est pas tout de les leur énoncer pour qu'ils sachent
s'en servir, il faut encore leur montrer comment on
s'en sert, les exercer à s'en servir eux-mêmes. De là, la
nécessité des devoirs écrits d'application. Mais si ces
devoirs leur sont imposés sans un exercice préalable,
il est plus que certain qu'ils ne s'en tireront pas à leur

avantage. Les interrogations qui nous ont été si utiles pour leur faire découvrir les principes et qui les ont conduits à formuler les règles, nous serviront encore. C'est un nouveau travail d'invention qu'ils ont à faire, le même moyen peut être utilement employé.

Vous le voyez, ma chère collègue, votre inspecteur a raison. Croyez-le, essayez sans crainte; et si vous ne réussissez pas tout d'abord à votre gré, ne vous rebutez pas. Vous ne tarderez pas à devenir habile. Rien ne fait la vertu comme la nécessité, votre bonne volonté ne tardera pas à vous en convaincre.

Recevez, etc.

————

51. — Un instituteur écrit à l'un de ses jeunes collègues pour lui indiquer avec quelle précaution il doit choisir les devoirs qu'il donne à ses élèves.

MON CHER COLLÈGUE,

Vous vous plaignez de ne pas réussir, malgré vos efforts. Vos élèves, dites-vous, à quelque cours qu'ils appartiennent, ne vous apportent jamais, pour la plupart, que des devoirs mal faits, et vous en concluez, avec la promptitude de décision naturelle à votre âge, qu'ils ne sont pas intelligents; vous vous plaignez du sort, qui vous a placé dans un tel milieu, et vous paraissez tout près du découragement.

Cet état de votre esprit est loin de me surprendre. A votre âge, je me suis trouvé dans le même embarras; j'ai eu les mêmes inquiétudes et les mêmes impatiences. Je me plaignais de mes élèves, bien à tort. La vérité était qu'eux seuls avaient à se plaindre, non de ma bonne volonté, mais de mon inexpérience.

En général, nous débutons pleins d'ardeur. Il nous semble, à nous, qui possédons bien les matières que nous avons à enseigner, qui comprenons tout de suite les choses que nous étudions, qui sommes capables d'une attention soutenue, à nous chez qui la vie a développé la perspicacité et l'initiative, qu'il doit en être ainsi de nos élèves. Nous voudrions leur apprendre toutes choses en un jour; nous voudrions qu'ils vissent, d'un coup, toutes les conséquences d'une règle que nous leur avons aidé à trouver, d'un principe que nous leur avons fait découvrir. Les devoirs que nous donnons nous seraient si faciles, que nous ne pouvons penser qu'il n'en est pas ainsi pour eux. Nous les ferions en si peu de temps que nous ne pouvons admettre que nos élèves se montrent lents à concevoir et à exécuter. C'est là ce qui nous fait tromper, ce qui nous fait donner une tâche toujours trop difficile et trop longue. Vous êtes évidemment tombé dans cette erreur commune à tous les jeunes maîtres, particulièrement aux mieux doués.

Ce n'est pas tout; je suis sûr que vous en avez commis de plus graves encore. Il en est une dont les conséquences sont bien funestes et dont on ne se corrige guère. Je veux parler du défaut qui consiste à suivre l'ordre dans lequel les devoirs sont inscrits dans un ouvrage spécial. Quelques précautions qu'ait prises l'auteur, si expérimenté qu'il soit, il n'a pu faire son travail de telle sorte qu'il s'applique parfaitement à l'état d'esprit des élèves. Entre un devoir et un autre, beaucoup devraient être inscrits. La matière même de ces devoirs ne convient pas toujours à l'école, ni à l'âge des enfants. L'auteur a beaucoup vu, beaucoup appris, c'est vrai; mais, quoi qu'il ait fait, il ne peut, de loin, prévoir toutes les difficultés résultant du temps et du lieu où l'on emploie son livre. Défiez-vous des recueils de devoirs et, si vous vous en servez, sachez y ajouter, y retrancher à propos et modifier au besoin.

Un autre défaut des maîtres, que nous retrouvons à tous les âges et à tous les degrés de l'enseignement, est celui qui consiste à donner les devoirs pour les deux ou trois élèves les plus intelligents du cours. Ceux-là seuls font les devoirs; les autres les font mal ou ne les font pas du tout. Le maître alors les punit, c'est un tort. Lui seul est coupable et très coupable. Il commet une injustice en créant pour ses élèves une responsabilité qu'ils ne sauraient avoir. Mais le mal qu'il fait est plus grand encore. Peu à peu les enfants se découragent; ils perdent toute confiance en eux-mêmes, et il vient une heure où ils ne font plus un effort qu'ils savent inutile. Évitez ce défaut, aussi capital qu'il est commun. Donnez vos devoirs pour les moins habiles du cours; ils seront bien faits par tous. Tous seront heureux; tous feront des progrès. Ne craignez rien, les premiers ne seront pas retardés. La différence d'aptitude des enfants n'est pas si grande qu'on le croit. C'est l'état de leur développement intellectuel qui diffère surtout, et votre tâche doit être de les mettre, autant que possible, au même niveau. Cette réforme opérée, vous verrez que tous travailleront avec goût et vous ne tarderez pas à recueillir les fruits de l'émulation que vous aurez créée.

Je n'ai pas besoin de vous dire que vos devoirs doivent rigoureusement s'appliquer aux leçons du jour et à l'acquis antérieur. Vous savez trop bien que vos élèves ne peuvent deviner ce qu'ils n'ont pas encore appris, et qu'il y a danger à ce qu'ils conçoivent une idée fausse. Ils se trompent assez, même dans ce qu'ils savent, sans les exposer à commettre une faute dont leur ignorance seule serait cause. Mais, une chose à laquelle il faut aussi prendre garde, c'est l'état intellectuel général des élèves de chaque cours. Avec le même acquis, avec la connaissance des mêmes règles et des mêmes principes, les enfants ne sont pas capables de faire également bien les mêmes devoirs. Les années se suivent et ne se ressemblent pas. La résultante n'est pas la même, tant s'en faut, et il est tel devoir que vos élèves de l'an passé eussent bien fait, que ceux de l'année présente sont incapables de faire. C'est affaire à vous d'être vigilant et d'avoir toujours une connaissance exacte de cette résultante précieuse.

Je m'arrête, mon cher collègue.

Je désire que ces quelques mots vous aient rassuré. C'est en appliquant ces principes de pédagogie pratique que je me suis réformé et que j'ai pu obtenir les quelques succès qui m'ont valu votre confiance ; puissent-ils vous servir comme ils m'ont servi !

A vous, etc.

SUJETS A TRAITER

52. — Une jeune institutrice expose à son ancienne directrice comment elle procède à la *correction des devoirs* de classe. Elle indique comment elle s'en tire pour la répétition des leçons antérieures et pour la préparation de la leçon prochaine.

53. — Un ancien instituteur engage un de ses jeunes collègues à donner quelques leçons, quelques devoirs communs aux élèves des deux cours moyen et supérieur. Il insiste pour démontrer qu'on peut ainsi gagner un temps précieux et donner satisfaction au besoin qu'ont les uns de répéter ce qu'ils savent, les autres d'être initiés à ce qu'ils vont apprendre.

54. — Une jeune élève de l'école normale a fait une *promenade scolaire dans une forêt* ; elle raconte ses impressions et fait connaître le profit qu'elle en a tiré pour son instruction.

55. — Même lettre à propos d'une *visite faite au bord de la mer*.

56. — Même lettre à propos d'une *visite à une montagne* au pied de laquelle un fleuve a sa source.

Ces trois derniers devoirs peuvent être modifiés en ce sens qu'on peut substituer un maître à un élève. — Le maître indiquera alors comment il a tiré parti de sa promenade pour ses élèves du cours supérieur, qu'il avait emmenés avec lui.

II. — ENSEIGNEMENT

LEÇONS DE CHOSES

57. — Un jeune instituteur a consulté un de ses collègues sur l'organisation des leçons de choses dans son école, sur la matière de ces leçons et sur la façon dont elles doivent être faites dans chaque cours. — Écrire la réponse.

CHER MONSIEUR,

Vous êtes en peine, me dites-vous, pour organiser les *leçons de choses* dans votre école. Vous sentez la nécessité de cet enseignement, et, comme tout le monde, vous comprenez combien il importe de donner aux enfants des connaissances réelles, en ajoutant à la science abstraite des livres, à laquelle nous nous sommes trop bornés jusqu'à ce jour, celle des choses dont ils auront à faire usage pendant toute leur vie. Mais vous avez peur de ne point réussir à votre gré, vous craignez que votre manque d'expérience ne vous fasse choisir pour ces leçons une organisation qui rendrait vos efforts stériles. Quelles seront, me demandez-vous, les matières sur lesquelles je devrai principalement m'arrêter? Devrai-je faire une seule leçon commune à toute la classe ? et, dans le cas contraire, quelle importance donnerai-je à ces leçons dans chaque cours ? Comment pourrai-je accommoder mon langage au degré de savoir de mes élèves pour que ma parole porte tous ses fruits ?

Tout d'abord, cher monsieur, laissez-moi vous dire que vous avez tort de vous défier de vous-même. Quand on est, comme vous, décidé à agir, tout le temps consacré aux hésitations est du temps perdu. La meilleure expérience est celle qu'on acquiert en travaillant. Soyez sans crainte, soyez de bonne foi avec vous-même et vous tirerez profit de toute erreur commise. Si vous vous trompez, vous vous en apercevrez bientôt, et votre bonne volonté vous fera trouver la véritable voie. Cependant, puisque vous avez voulu me faire l'honneur de me consulter, je vais tâcher de répondre de mon mieux aux quatre principales questions que vous m'avez posées.

La matière des leçons de choses est facile à trouver. Les choses que vous devez faire étudier peuvent être classées en deux catégories indiquées par la vie elle-même. Tous les hommes ont besoin d'une certaine quantité de connaissances générales, nécessaires à tous, parce qu'il est des actes de la vie auxquels nul ne peut se soustraire et auxquels il est indispensable que chacun soit préparé. Chacun ensuite doit vivre d'une vie particulière, spéciale au milieu où il doit se développer et à la profession qu'il doit exercer. De là deux catégories de choses qu'il convient de faire étudier à vos élèves : celles dont la connaissance est nécessaire à tous, dans toutes les situations de la vie, et celles qui sont particulières à la condition probable dans laquelle vos élèves devront vivre. Vous êtes mieux placé que personne pour voir quelles sont ces dernières et pour fixer votre choix. Quant aux premières, elles s'imposent tellement d'elles-mêmes, elles sont si indispensables à la vie maté-

rielle et à la vie sociale qu'elles vous viendront naturellement à la pensée.

Vous me demandez ensuite si ces leçons doivent être
communes à tous vos élèves, ou s'il convient d'en faire
de spéciales pour chaque cours. L'âge des enfants, leur
état d'esprit vous commandent de ne leur parler qu'un
langage à leur portée ; de n'attirer leur attention que
sur des objets dont ils peuvent saisir l'importance, et
de n'exiger d'eux qu'un effort proportionné à leurs
forces. Une leçon commune, nécessairement assez
longue et parfaitement ordonnée, serait perdue pour la
plupart, car elle serait pour eux fatigante ou inoppor-
tune. Je n'ai pas besoin d'insister davantage, vous êtes
un trop bon esprit pour ne pas comprendre.

Vous ferez donc trois sortes de leçons, puisque vous
avez trois cours ; mais quelles seront ces leçons pour
chaque cours ? Vos tout jeunes élèves, pour qui la vie
de l'école, avec sa régularité nécessaire, est déjà une
souffrance, ou tout au moins un obstacle à la spontanéité de leurs mouvements et une contrainte à la liberté
plus grande dont ils ont joui jusqu'alors, tireront-ils
profit d'une leçon régulièrement faite sur des objets se
succédant logiquement, eux qui sont la négation de
toute régularité et de toute logique ? Pourront-ils être
prêts à recevoir votre enseignement à heure fixe, eux
que l'imprévu touche surtout et dont l'attention change
à chaque instant d'objet ? Je ne le crois pas, et j'estime
que, pour eux, la leçon de choses doit être faite à chaque
instant propice, à toute heure du jour et un peu à tout
propos.

Il n'en est pas de même pour les deux autres cours.
Après une fréquentation de deux ans, l'habitude de la
vie scolaire est prise ; la culture nécessaire à l'attention
comme à toute autre faculté est faite ; le besoin d'ordre
dans les études se fait même sentir, et vos élèves des
deux cours supérieurs peuvent être réunis sans incon-
vénient. L'objet seul des leçons et la façon dont elles
sont faites devront varier. Un jour, vous vous adresserez

particulièrement aux plus faibles; le lendemain, vous vous adresserez aux plus forts. Ne craignez pas que les unes ou les autres perdent leur temps; la leçon sera tantôt une répétition agréable et fructueuse, tantôt une initiation non moins utile.

Pour ce qui est du langage que vous devez employer, l'expérience, l'étude et l'amour des enfants seuls pourront vous le donner. Quand je vous aurai dit que votre parole doit être claire, précise, sympathique, je ne vous aurai appris que ce qui vous a été bien des fois répété, mais je ne pourrai vous donner ce tact qui vient de l'expérience; cette clarté, cette précision, cette sobriété qui résultent du vrai savoir, non plus que cette chaleur communicative que l'amour vrai donne à l'expression.

Agréez, etc.

SUJETS A TRAITER

58. — Écrire une leçon de choses sur le *pain* en appropriant son langage au cours élémentaire.

59. — Écrire une leçon de choses sur l'*eau* pour le cours moyen.

60. — Écrire une leçon de choses sur le *fer* pour le cours supérieur.

61. — Prouver par une discussion l'*utilité des leçons de choses*.

LECTURE

62. — Une jeune institutrice, récemment nommée adjointe, a consulté sa maîtresse sur le choix d'une méthode de lecture. — Réponse de la maîtresse.

Ma chère enfant,

On l'a dit bien des fois, le meilleur outil, pour un ouvrier, est celui qui va le mieux à sa main. La meilleure *méthode de lecture*, le meilleur syllabaire, si vous aimez mieux, est, pour une institutrice, celui qu'elle connaît le mieux, celui au mécanisme duquel elle est habituée. S'ensuit-il que le choix de cet outil soit indifférent, et qu'une institutrice qui débute doive s'en rapporter au hasard et s'habituer indifféremment à celui que les circonstances lui ont placé sous la main? Vous ne l'avez pas pensé, et vous avez eu raison.

Quel que soit le procédé que vous adoptiez pour l'enseignement de la lecture — ancienne épellation, nouvelle épellation ou procédé phonétique — il est évident que vous devez tenir compte de la façon dont sont rangées les difficultés dans le syllabaire, ainsi que de la manière dont est organisée la classe que vous dirigez. C'est à ce double point de vue que je me propose d'examiner avec vous les méthodes de lecture actuellement employées.

Quelque nombreuses qu'elles soient, quelque étendue qu'on ait donnée à chacune d'elles, elles peuvent être rangées, quant au classement des difficultés, en deux catégories : celles où les difficultés sont présentées toutes à la fois, ou au moins, pour ainsi dire, par masse, — celles où elles sont présentées une à une.

Dans les premières, en effet, la première leçon comprend l'étude de toutes les lettres de l'alphabet ou, successivement, celle des voyelles et des consonnes. Cette étude finie, l'enfant est exercé à lire des mots formés de la combinaison de ces lettres. Peu après, on lui présente à la fois toutes les voyelles composées, suivies immédiatement des consonnes doubles ou triples, avec lesquelles on l'exerce ensuite à lire des mots et des phrases. Dans un troisième tableau synoptique sont ensuite réunies toutes les irrégularités de la prononciation, que l'élève doit apprendre avant de les appliquer à la lecture courante. Cette manière de procéder, toute méthodique qu'elle est, n'a pas complètement satisfait. On lui a reproché, avec raison, de forcer l'enfant à un trop grand effort et de trop retarder la satisfaction qu'il éprouve à lire un mot, une phrase ayant un sens pour lui. Il est de fait qu'on ne saurait trop tôt faire jouir les enfants du fruit de leur attention. L'étude des vingt-cinq lettres, de ces caractères bizarres pour lui, ne disant rien à son esprit ni à son cœur, est une tâche bien fastidieuse, et il ne faut pas s'étonner qu'il s'y refuse souvent et n'y apporte jamais l'attention passionnée qu'il accorde généralement aux nouveautés.

Ce sont là les raisons qui ont fait modifier les méthodes de lecture et inspiré celles de la deuxième catégorie. Dans celles-ci, on présente d'abord une, deux ou trois voyelles, puis on les associe à une consonne, et on forme tous les mots possibles avec ce petit nombre d'éléments. Chaque leçon apprend à reconnaître une lettre nouvelle, des syllabes nouvelles, avec lesquelles on fait des mots, bientôt des phrases. Il n'est pas douteux, et l'expérience l'a prouvé, que cette distribution mieux faite, plus proportionnée à la puissance d'attention dont l'enfant est capable, lui donne plus de satisfaction. Il est tout fier, le bon bambin, lorsqu'il peut lire une pensée au bout de quelques jours, ou lorsqu'il s'aperçoit qu'il y a, dans le journal ou dans le livre de son père, des choses qu'il sait déjà. Cet avant-goût des jouissances que la lecture pourra lui donner est un stimulant dont il ne faut pas se dissimuler la puissance.

Je vous conseille donc, ma chère enfant, de préférer les méthodes de la deuxième catégorie à celles de la première; mais, comme toutes ne sont pas conçues avec le même soin, je vous engage encore à ne porter votre choix que sur celles où les difficultés vous paraîtront le plus logiquement graduées.

Il importe aussi de considérer les méthodes de lecture à un autre point de vue. Je veux parler de leur étendue. Les unes comprennent un grand nombre de leçons ou de tableaux; dans celles-ci les exercices d'application sont multiples. On s'arrête longtemps sur chaque difficulté et on ne passe de l'une à l'autre qu'après une étude assez prolongée. — Les autres, au contraire, sont divisées en quelques leçons seulement et ne comprennent que peu d'exercices d'application. Elles sont exposées généralement en quatre ou cinq grands tableaux, véritables cartes murales de lecture. Il semble que les auteurs, impatients de voir un livre à l'enfant, aient hâte de lui donner les éléments de la lecture, et l'on est tenté tout d'abord de blâmer leur précipitation.

Ne nous hâtons pas de juger, ma chère enfant. Ces deux catégories de méthodes répondent à des besoins divers et sont propres à des écoles diversement organisées. Dans les écoles où le mode mixte est nécessaire, où l'enseignement de la lecture est confié à des moniteurs à qui l'on ne peut donner que quelques élèves, les premières conviennent beaucoup mieux. L'action du maître n'est pas bien puissante, et il faut que la difficulté soit vue sous toutes ses faces pour être bien résolue. Dans les écoles confiées à plusieurs maîtres; dans celles où quarante à cinquante élèves, confiés à un seul maître, doivent apprendre à lire à la fois, les deuxièmes sont bien plus utiles. Dans l'enseignement simultané, le maître ne peut se servir de moniteurs;

il ne peut rigoureusement classer les petits lecteurs et les mettre seuls en face de la difficulté qu'ils ont à vaincre. Il est obligé de n'avoir que quelques groupes comprenant, chacun, des élèves de différente force, auxquels il faut toutefois consacrer un temps suffisant. La répétition et la lente initiation, si nécessaires à toute étude, trouvent ici satisfaction et compensent largement les défauts de la méthode, qui paraît trop rapide.

Les classes que les jeunes adjointes ont à diriger se trouvent toujours dans celles de la deuxième catégorie, — comme celles que doivent diriger les jeunes institutrices titulaires appartiennent toujours à celles de la première. C'est pourquoi, ma chère enfant, je ne saurais trop vous engager à faire une double étude des méthodes étendues et des méthodes restreintes.

A vous, etc.

SUJETS A TRAITER

63. — Exposer *les principes qui doivent guider dans l'enseignement de la lecture aux petits enfants*, et indiquer comment on peut graduer les difficultés.

64. — Faire connaître les avantages qu'il y a à *enseigner simultanément la lecture et l'écriture*.

65. — Un instituteur écrit à l'un de ses anciens adjoints pour l'engager à *soigner l'enseignement de la lecture aux petits enfants*. Il insiste pour lui faire comprendre qu'il donnera ainsi satisfaction aux familles et qu'il favorisera son enseignement en général.

66. — On écrit à une institutrice pour l'engager à enseigner la lecture par le procédé dit « sans épellation. » — On expose les trois procédés et l'on montre que ce dernier est le plus rationnel.

MADEMOISELLE,

Vous allez prendre, dans quelques jours, la direction d'une école et vous craignez de ne pas choisir le meilleur procédé pour enseigner à lire à vos élèves. Vous savez que les familles jugent surtout une école par la rapidité avec laquelle les enfants y apprennent à lire, et vous vous préoccupez avec raison de leur donner prompte satisfaction sur ce point. Mais, en institutrice soucieuse de donner aux jeunes filles de bonnes habitudes d'esprit, vous êtes plus inquiète encore du choix d'un procédé qui, loin d'aller à l'encontre de votre désir, le serve autant que possible. Laissez-moi vous féliciter deux fois: de telles préoccupations sont la preuve de votre ardent désir d'être utile, et il est bon qu'une institutrice ait vos inquiétudes, au moment de commencer sa tâche difficile.

Vous avez raison de croire que le choix du procédé d'enseignement n'est pas indifférent, même lorsqu'il s'agit d'apprendre à lire aux enfants. Vous avez pu entendre dire ou lire le contraire. Soyez bien certaine qu'on se trompe. En matière aussi délicate que l'éducation, rien ne doit être laissé au hasard. Une faute est bientôt faite, et il ne faut pas longtemps pour que les enfants prennent une mauvaise habitude d'esprit, dont leur jugement se ressentira toujours. On vous a répété bien des fois qu'il fallait procéder du simple au composé, et l'on vous a dit que, avant de chercher à faire comprendre un tout, il fallait en avoir analysé les éléments. Certes, on ne pouvait vous donner de meilleur conseil qu'en ajoutant (chose que l'on sous-entend trop souvent): à condition que les éléments observés ou étudiés soient tels, que le tout qu'ils doivent produire soit le résultat nécessaire de leur rapprochement.

Ces principes posés, nous allons examiner ensemble les divers procédés, et nous fixerons notre choix à la suite de cette étude, qui nous montrera celui qui peut donner les plus prompts résultats et contribuer en même temps, de la façon la plus efficace, à la bonne éducation intellectuelle de l'enfant.

Trois procédés principaux ont été jusqu'à présent suivis pour l'enseignement de la lecture. Tous ont pour base une étude des éléments du mot, et l'on ne peut faire à aucun le reproche d'éviter une indispensable analyse. Ils ne diffèrent que par la façon dont les éléments sont considérés.

Le premier, et de beaucoup le plus ancien, ne considère le mot que comme un composé de lettres; aussi commence-t-il par une étude des vingt-cinq caractères de notre alphabet, auxquels il donne à chacun un nom sonore. Ce premier travail fait, l'enfant est mis en présence de mots dont il nomme les lettres une à une en s'arrêtant à chaque syllabe qu'il prononce selon l'usage. Certes, si l'énumération des lettres conduisait nécessairement à prononcer la syllabe comme il convient, ce procédé serait irréprochable. Malheureusement, il n'en est pas ainsi; l'énumération des lettres, dans presque tous les cas, fait espérer un tout autre résultat que le résultat obtenu. Un seul exemple suffira pour vous convaincre. Considérez le mot *pantalon* que l'on fait ainsi décomposer: *pé a enne*, **pan**, *té a*, **ta**, *elle o enne*, **lon**. Qui ne voit que *pé a enne* ne saurait conduire naturellement à *pan?* Qui ne comprend qu'un tel exercice ne satisfait en aucune façon la raison de l'enfant? Aussi le procédé est-il toujours long, quel que soit le zèle du maître. Ce n'est que par un prodigieux effort de mémoire, dont les enfants sont seuls capables, qu'ils parviennent à apprendre à lire; mais les résultats fussent-ils plus prompts, que le procédé n'en devrait pas moins être écarté parce qu'il ne s'adresse à l'intelligence des élèves que pour la contraindre à faire une fausse opération. Ils répètent *pan* parce qu'on leur a dit de répéter *pan*, et non parce que le travail antérieur qu'ils ont fait les y a, d'aucune façon, amenés.

Le défaut si grave que je viens de vous signaler a été depuis longtemps remarqué. Dès le XVIIe siècle, de bons esprits, qui en furent frappés, cherchèrent à y porter remède et trouvèrent un deuxième procédé, celui qu'on emploie le plus universellement aujourd'hui. Ils considérèrent le mot comme un composé de syllabes, et la syllabe comme un composé de deux éléments : le son, et l'articulation qui le modifie. Ils firent donc étudier à part tous les signes simples ou multiples qui représentent les sons et ceux qui représentent les articulations, en donnant à ces derniers des noms aussi peu sonores que possible. Dans ce système, le mot *pantalon* se lit ainsi : *pe an*, **pan**, *te a*, **ta**, *le on*, **lon**. Il n'est douteux pour personne que ce procédé l'emporte sur le précédent, et il est facile de voir que, s'il ne donne pas complète satisfaction à la raison, à l'esprit, aux sens, il se rapproche assez de la vérité pour ne pas leur causer une brutale surprise. Du reste, les résultats répondirent à l'attente : l'étude de la lecture, moins fastidieuse, fut considérablement abrégée pour le plus grand avantage de l'instruction générale.

Mais on ne devait pas s'en tenir là. Une fois la routine abandonnée, de nouveaux progrès allaient se réaliser. Il fallait mettre d'accord les sens et l'esprit : *pe an* ne fait réellement que *pean* et non pas *pan*. Aussi, tout récemment, il n'y a que quelques années, un nouveau procédé, dit *procédé phonétique*, fut trouvé. On se dit, avec raison, que les mots sont composés de sons plus ou moins modifiés par les mouvements des organes de la parole ; on se dit que ces mouvements, que nous avons représentés par les lettres consonnes, ne pouvant être séparés du son qu'ils modifient, il devait en être de même du signe qui les figure, et l'on décida que la syllabe ne devait plus être décomposée, puisqu'elle ne l'est pas dans l'émission.

Dans ce système, on fait donc lire d'un seul coup les groupes de lettres qui constituent les mots. Dans le mot que nous avons pris pour exemple, on apprend à reconnaître séparément les éléments *pan, ta, lon,* et le mot *pantalon* résulte de leur simple rapprochement. Comme vous pouvez le voir, lorsque le travail de composition se fait, la raison, l'esprit, l'ouïe, la vue reçoivent complète satisfaction. L'éducation n'est pas moins bien servie que l'instruction, car l'enfant ne croit pas seulement ce que son maître lui a dit; il le sait, car il l'a senti avec son intelligence et avec ses organes.

On vous dira que ce procédé est moins favorable à l'enseignement de l'orthographe que les deux autres, que le premier surtout. N'en croyez rien, car l'expérience prouve le contraire. Est-ce que les élèves de nos écoles savent moins bien l'orthographe que par le passé? Loin de là. Nous, qui pouvons nous reporter à bien des années en arrière, nous nous souvenons de l'état des écoles où nous avons fait nos études, et nous savons combien fantaisiste était notre orthographe. Un peu de réflexion suffit, à défaut d'expérience. Depuis quand voit-on qu'un progrès ait nui à un autre progrès?

Je ne terminerai pas cette longue lettre, mademoiselle, sans insister une dernière fois pour vous engager à choisir le procédé le plus rationnel. Nous sommes accusées, nous autres femmes, d'être plus riches de sentiment que de raison. L'accusation est peut-être fondée, du moins nous aimons à le reconnaître, et il n'est pas une d'entre nous qui n'en soit un peu fière. Mais, si notre raison est plus faible que celle de notre compagnon, n'est-il pas de notre devoir de tout faire pour acquérir ce qui nous manque, et ne serions-nous pas coupables de négliger un seul moyen de travailler à notre perfection?

Agréez, etc.

SUJETS A TRAITER

67. — Exposer comment on peut *profiter de l'enseignement de la lecture pour enseigner l'ortho-graphe.*

68. — Indiquer comment on s'y prendra pour faire une *leçon de lecture servant à l'enseignement géné-ral* aux enfants qui commencent à lire couramment.

---

69. — **Lettre à un jeune instituteur pour lui montrer quel parti l'on peut tirer de la leçon de lecture au cours supérieur pour l'enseignement de la morale ou des sciences physiques et naturelles.**

MON CHER COLLÈGUE,

En parcourant le tableau de l'emploi du temps que vous avez dressé et que vous avez bien voulu soumettre au contrôle de ma vieille expérience, j'ai été étonné de voir que vous vous proposiez de ne donner que deux leçons de lecture par semaine aux élèves de votre cours supérieur. J'en ai conclu que vous n'étiez pas suffisamment pénétré de l'importance capitale de la *leçon de lecture* dans les écoles primaires, et que vous n'entrevoyiez pas les moyens d'en tirer un parti utile pour le succès général de votre classe. Permettez-moi d'attirer votre attention sur ces deux points et d'essayer de vous faire revenir sur votre première décision.

Si notre enseignement devait avoir pour seul objet d'apprendre à nos élèves à lire couramment, à écrire avec facilité et à faire sûrement les petits calculs de la vie ordinaire, comme on le disait autrefois, il est certain que nos élèves du cours supérieur n'auraient plus besoin de recevoir de leçons de lecture. A leur sortie du cours moyen, ils lisent toujours couramment, trop couramment même. Mais vous savez que les nécessités du temps et les exigences de la vie plus complète que mène aujourd'hui le plus humble des paysans nous commandent impérieusement d'étendre le champ de notre action. A mesure que la civilisation se répand apparaissent de nouveaux besoins rendant la lutte pour l'existence plus difficile; l'homme, mis en possession de droits plus étendus, est en même temps obligé à des devoirs plus nombreux. Une culture plus générale de toutes les facultés est devenue tellement nécessaire, que l'opinion nous imposait l'extension des programmes, avant même que les pouvoirs publics l'eussent inscrite dans la loi. C'est ainsi que, tout d'abord, l'enseignement de l'histoire et de la géographie a été rendu obligatoire, que l'enseignement de l'agriculture, du dessin et de la gymnastique le sont devenus peu après, et qu'une loi récente vient d'y ajouter l'enseignement civique que nous distribuons déjà, et celui des sciences physiques et naturelles, base nécessaire de toute éducation un peu complète.

Mais, si nos obligations augmentent, si notre tâche est accrue, il n'en est pas de même du temps dont nous pouvons disposer. Nos forces et la capacité physique des enfants ne nous permettent pas d'augmenter les heures du travail quotidien, et il nous sera bien difficile, pour ne pas dire impossible, de trouver le temps nécessaire aux leçons nouvelles.

Heureusement, la leçon de lecture est là pour nous servir. Grâce à elle nous pouvons, sans fatigue excessive et pour ainsi dire sans surcroît de travail pour les enfants, leur donner les notions nécessaires de morale et d'instruction civique et les initier suffisamment aux sciences physiques et naturelles pour qu'ils ne soient plus étrangers au monde au milieu duquel ils se développent, qu'ils aient la raison des phénomènes qui s'accomplissent sous leurs yeux et qu'ils se connaissent eux-mêmes, ainsi que les êtres avec lesquels ils sont en relation constante.

Je suis sûr, mon cher collègue, que ces quelques considérations vous ont convaincu et que les avantages que nous pouvons tirer de la leçon de lecture vous ont déjà fait songer aux moyens pratiques que nous pouvons employer pour la faire servir à nos besoins.

Je vous ai dit plus haut que l'opinion avait devancé le législateur pour ce qui est de l'extension des programmes; elle l'a aussi devancé quant à l'importance attachée à la leçon de lecture. Le fait est si vrai que toute une littérature spéciale, tantôt classique, tantôt artistique, est née de ces préoccupations. Les auteurs qui écrivent pour nos écoles obéissent depuis longtemps à cette exigence de l'opinion, et les livres abondent qui sont conçus en vue de nous guider et de nous aider dans notre travail. Vous en connaissez beaucoup, assez du moins pour n'avoir que l'embarras du choix.

Quelques-uns sont spéciaux à la morale, à l'instruction civique ou aux sciences physiques et naturelles; d'autres forment à eux seuls une encyclopédie. Il en est pour tous les âges, appropriés, par la forme et par l'exposition, aux divers degrés par lesquels passe l'intelligence de l'enfant, et rien n'est plus facile pour l'instituteur que d'en faire une judicieuse collection.

Il me reste à vous indiquer, mon cher collègue, comment vous pouvez procéder avec vos élèves du cours supérieur pour que la leçon de lecture puisse remplacer la leçon didactique que vous ne pouvez pas donner.

A leur âge, ils ont déjà vu beaucoup de choses, ils ont été témoins de beaucoup de faits, ils ont acquis, sans nous et avec nous, beaucoup d'idées. Qu'il s'agisse de science ou de morale, ils ont des notions, au moins imparfaites, de ce qu'ils liront : notre tâche consiste à les leur rendre claires et à les ordonner dans leur esprit. Généralement le livre nous a préparé le travail; l'auteur s'est efforcé d'être lucide, et cela d'autant plus qu'il a mieux suivi la méthode scientifique dont tout le monde, aujourd'hui, cherche à s'inspirer. Si nous avons bien préparé notre classe, il nous sera facile de montrer aux enfants l'enchaînement rigoureux des idées et des faits, les conséquences nécessaires de la loi. Une seule lecture de la leçon, suivie d'une explication claire, les préparera à lire eux-mêmes avec profit et, par suite, avec intérêt. La leçon terminée, quelques questions posées par vous, dans un ordre rigoureux, tantôt à l'un, tantôt à l'autre élève, en excitant leur attention, en stimulant leur activité d'esprit, les mettront en état de faire, immédiatement et convenablement, un compte rendu oral de ce qu'ils auront lu. Ce premier travail, toutefois, serait insuffisant : la pensée qui n'a pas été fixée par l'écriture s'enfuit d'ordinaire ; la leçon sur laquelle on ne revient pas et sur laquelle l'esprit ne s'est pas replié ne laisse en nous qu'une impression fugitive. Il faut faire davantage pour qu'elle porte tous ses fruits. J'ai coutume, et je m'en suis bien trouvé, de la faire fixer dans un devoir écrit. Dès la veille, j'ai rédigé, avec tout le soin dont je suis capable, un certain nombre de questions se succédant de telle sorte que les réponses écrites en quelques mots, les unes à la suite des autres, forment un résumé exact de la leçon. Chaque élève est obligé de me rapporter, le lendemain, la réponse à ces questions. Vous ne vous doutez pas, mon cher collègue, des résultats qu'on peut ainsi obtenir. Les élèves ne sont pas soumis à cet exercice depuis deux mois, que tous le font bien et facilement. Il a, en outre, l'avantage bien grand de les habituer à ordonner ce qu'ils ont à dire, et l'année n'est pas écoulée que toutes leurs compositions se ressentent de l'habitude d'esprit qu'ils ont contractée. Bien plus, leur mémoire est devenue plus fidèle et plus complaisante. Ce qui est ordonné se retient aisément ; et quand les idées sont bien rangées dans l'esprit, les mots qui en sont l'expression arrivent facilement aux lèvres.

J'aurais pu m'étendre bien plus longtemps, mon cher

collègue, car le sujet est vaste ; mais je ne vous ai soumis que ces quelques observations qui sont, en réalité, le résumé de toutes celles que j'aurais pu ajouter et que vous ferez vous-même chaque jour

Agréez, etc.

SUJETS A TRAITER

70. — Même lettre pour démontrer comment on peut *faire servir la leçon de lecture à l'enseignement de la grammaire et du vocabulaire.*

71. — Même lettre pour démontrer que l'on peut également faire servir l'enseignement de la lecture à l'*enseignement de la composition française.*

72. — Lettre à une institutrice pour l'engager à enseigner à ses élèves la *lecture expressive.* — Indiquer les avantages de cette lecture pour l'éducation et les moyens d'obtenir de bons résultats.

(Ces trois lettres pourront être appliquées tantôt à un cours, tantôt à l'autre, et varieront selon qu'il s'agira du cours élémentaire, du cours moyen ou du cours supérieur.)

ÉCRITURE

73. — Une institutrice a remarqué que les élèves d'une de ses jeunes voisines écrivaient mal. Elle lui donne des conseils à ce sujet.

MA CHÈRE AMIE,

Vous m'avez priée de visiter votre école et de vous signaler ensuite les défauts que j'aurais constatés dans chacune des parties de votre enseignement. Je me suis prêtée à votre désir et vous avez vu que, pendant toute une journée, je vous ai suivie pas à pas dans votre travail, écoutant avec la plus grande attention, examinant tout avec la plus scrupuleuse exactitude. Je n'ai pas voulu vous faire immédiatement part de mes observations, et j'ai attendu jusqu'à aujourd'hui afin de rectifier mes impressions par la réflexion.

J'aurais beaucoup à vous louer si je ne tenais compte que de l'intelligence naturelle que vous avez montrée et de l'activité dont vous avez fait preuve. Je n'ai pas à vous signaler ce qui est bien, mais ce qui est mal : je ne dois pas être indulgente, mais sévère. J'ai à vous reprendre en plus d'un endroit ; or, pour que mes observations vous profitent davantage, je ne vous parlerai aujourd'hui que de l'écriture.

Vos élèves écrivent uniformément mal, et, laissez-moi vous le dire, c'est à vous seule que vous devez vous en prendre de ce mauvais résultat, dont j'ai recherché les causes.

Ainsi que beaucoup de vos collègues et beaucoup d'autres personnes, vous considérez l'écriture comme une partie inférieure de l'enseignement, et vous ne paraissez pas convaincue de la nécessité d'une belle écriture, surtout pour les femmes. Vous avez tort, ma chère amie. Je ne parlerai pas de l'agrément que procure une belle écriture à ceux qui la lisent ; je ne vous dirai pas qu'elle prépare et sert à l'enseignement du dessin, qu'elle donne de l'ordre et développe le goût. Je ne vous parlerai que de son utilité. Avoir une belle écriture, c'est avoir un métier. Pour combien d'hommes et de femmes aujourd'hui l'écriture n'est-elle pas un gagne-pain ! Je n'insiste pas, car vous êtes déjà convaincue ; vous aimez trop vos élèves pour qu'il en soit autrement.

Cette observation nécessaire faite, je vais examiner avec vous quelles sont les causes matérielles de votre insuccès.

La première et la moins importante est la tenue qu'ont vos élèves quand elles écrivent. Chacune prend sur son

banc la position qui lui plaît, et rien n'est plus bizarre
que la variété de leurs attitudes, dont quelques-unes sont
bien singulières. On vous a dit et vous avez lu bien des
fois quelle devait être la position de l'homme qui écrit.
Il doit être bien assis, la tête un peu penchée, le corps
droit, le côté gauche un peu plus rapproché de la table,
le bras gauche soutenant le corps en même temps que
la main gauche retient et dirige le papier ; le bras droit
doit être libre, le poignet éloigné d'un centimètre de la
table, la plume tenue par les trois premiers doigts, les
deux autres soutenant la main. Cette position n'a pas
seulement l'avantage d'être naturelle et de diminuer la
fatigue du corps, de régler la vue, ce qui serait suffisant
et au delà ; elle a aussi celui de donner à la main droite
toute sa liberté et de faire que l'écriture soit à la fois
facile et élégante. Ne négligez donc pas la bonne tenue
de vos élèves, ma chère amie, et dès demain occupez-
vous d'opérer cette réforme.

II

La deuxième cause de votre insuccès, c'est votre défaut
de méthode, l'insuffisance de vos corrections et le manque de suite dans les exercices que vous avez à faire.
Je n'ai point vu que vos élèves aient la moindre notion
des principes de l'écriture, ni que vos corrections aient
pour but de les amener à l'application de ces principes.
Vous passez de l'une à l'autre, et vous vous bornez à
refaire une lettre qui vous a paru mal faite. C'est quelque
chose ; mais c'est peu. Enfin les exercices que vous
donnez sont tantôt trop difficiles, tantôt trop faciles :
aujourd'hui, une enfant retrace sans nécessité des difficultés qu'elle a appris à vaincre depuis longtemps ; demain, vous la mettrez en présence d'obstacles que son
travail antérieur ne lui a pas appris à surmonter.

Vous le savez, la perfection de notre écriture cursive
repose tout entière sur quelques traits qui se trouvent
dans toutes les lettres, sur certaines dimensions dont la

proportion est fixée, et sur un certain degré de pente, qui ne peut être exagéré dans un sens ou dans l'autre sans nuire à son élégance, à sa facilité et à sa lisibilité. Il importe donc que les enfants soient exercés de bonne heure à ne pas sortir des règles tracées.

Les éléments de toutes les lettres sont : la ligne droite oblique, faisant avec l'horizontale un angle de 55 à 60 degrés, pente suffisante pour que l'écriture soit à la fois facile et lisible ; le jambage simple avec courbe en haut ou en bas ; le jambage composé ; enfin l'ovale, qui n'est autre que la lettre O. Ces traits élémentaires sont faciles à bien exécuter, c'est vrai, mais il ne s'ensuit pas qu'il ne soit pas nécessaire d'y arrêter longtemps les enfants avant de les obliger à les combiner entre eux.

Vous ne savez pas moins que les lettres se divisent d'abord en deux catégories, quant à leur dimension : les lettres formant le corps de l'écriture, et celles qui le dépassent soit en haut, soit en bas, ou à la fois en haut et en bas. Ces dernières, à leur tour, se divisent en lettres à queue et en lettres à boucle. Vous savez aussi que, à l'exception du *t* et du *p*, qui doivent dépasser l'écriture d'un demi-corps, et du *d* qui doit la dépasser par le haut d'un corps, toutes ces lettres doivent dépasser l'écriture d'un corps et demi à trois, selon sa grosseur. Tenez la main à ce que ces principes soient rigoureusement observés, ainsi que la pente indiquée, et vous ne tarderez pas à constater d'excellents résultats. Bien plus, ma chère amie, votre persistance aura des effets plus durables que vous ne vous l'imaginez. Rien ne se perd moins qu'une habitude, surtout une habitude qui se fortifie par un usage constant. Une fois habituées à observer les principes de l'écriture, vos élèves ne pourront plus y renoncer, car la main n'obéirait plus à leur volonté.

III

Ces principes posés, il me reste à faire la critique des moyens que vous employez pour apprendre à écrire à vos élèves et à vous indiquer ceux qui me semblent préférables.

Dès qu'une enfant entre en classe, vous lui enseignez à écrire et vous avez raison. On ne peut savoir écrire trop tôt. Cet exercice, où la main a pour le moins autant de part que l'esprit, est pour l'enfant un repos nécessaire, en même temps qu'une utile distraction. Mais où vous faites mal, c'est quand vous lui donnez un cahier sur lequel sont gravés des modèles qu'elle doit retracer avec une plume et de l'encre. Les cahiers gravés, n'en déplaise à leurs auteurs, nuisent plus aux commençants qu'ils ne les servent. Avec quelque soin qu'ils soient faits, si méthodique que soit l'ordre dans lequel les exercices sont présentés, il est absolument impossible que les enfants soient assez bien et assez uniformément doués pour pouvoir les suivre avec un égal profit. Je doute même qu'il en existe un seul qui puisse utilement s'en servir.

En second lieu, la plume est un instrument délicat, peu facile à manier pour une main inhabile, et dont l'usage est encore rendu plus difficile par la nécessité où sont les enfants d'exécuter avec cet instrument un travail dont ils n'ont aucune notion, dont ils ne devinent aucune des difficultés. Aussi voyez combien longtemps ils sont maladroits et combien le dépit de leur insuccès leur cause souvent de dégoût. Tout a besoin de culture, et aucun ouvrier n'a commencé par s'exercer d'abord au maniement des outils les plus délicats dont il devra faire usage. — Enfin ai-je besoin de vous dire de combien d'accidents l'usage de l'encre est la cause ; de vous rappeler les doigts tachés, les cahiers maculés, les tabliers à tout jamais souillés, ou les vicissitudes du malheureux encrier qui n'en peut mais ?

Pourquoi ne pas procéder autrement et ne pas faire pour l'écriture comme pour toute autre chose, c'est-à-dire aller du simple au composé, du facile au difficile, tant pour le choix de l'exercice que pour le choix de l'instrument ?

Un vieil instituteur de mes amis avait coutume de dire : « La meilleure école est celle où l'on use le plus de craie. » Usez donc de la craie, ma chère amie. Exercez vos fillettes au tableau noir tout d'abord. Qu'elles y fassent successivement tous les exercices élémentaires, jusqu'à bonne et facile exécution ; toutes les lettres, en suivant l'ordre de difficultés résultant de leurs formes et de leurs dimensions ; puis des mots choisis avec tact, afin qu'elles n'aient à vaincre ni trop, ni de trop grosses difficultés à la fois. Armez-les ensuite d'un crayon un peu mou, et répétez les mêmes exercices sur le cahier, en exigeant d'elles qu'elles tiennent le crayon convenablement, et qu'elles soient assises selon les règles tracées.

C'est alors, et alors seulement, que vous devez leur donner une plume et de l'encre. Bien plus, et quoique je sois d'avis qu'il vaudrait mieux, pour leurs progrès, que leurs modèles fussent écrits de votre main sur leur cahier, vous pouvez, sans trop d'inconvénients, leur mettre entre les mains des cahiers gravés.

Toutefois, dès qu'elles auront acquis une certaine habileté, il conviendra qu'elles ne se servent plus de ces cahiers et que toutes celles de votre cours moyen et de votre cours supérieur aient à reproduire le même modèle, que vous aurez eu soin d'écrire au tableau noir avec toute la perfection dont vous êtes capable. Il importe que votre travail de correction profite au plus grand nombre possible ; et comment en serait-il ainsi si chacune d'elles avait un modèle différent ? Grâce à ce procédé, vous pouvez, du tableau noir, signaler à toutes la faute généralement commise, en même temps que vous pouvez montrer comment on eût dû s'y prendre pour ne pas s'écarter des principes donnés.

Je m'arrête, ma chère enfant, en vous demandant pardon d'avoir été si longue, mais je tenais à ne rien omettre. Lorsqu'il s'agit des enfants, il n'y a pas de petits détails, tous ont leur importance. Ils ont trop besoin de bonnes habitudes pour qu'il nous soit permis de rien négliger quand il s'agit d'eux.

SUJETS A TRAITER

74. — Écrire à un jeune instituteur pour lui indiquer les raisons pour lesquelles il doit exiger *que les cahiers des élèves soient bien tenus* et aussi bien écrits que possible.

75. — Une institutrice écrit à une de ses élèves pour l'engager à n'avoir *qu'un seul cahier* pour tous les devoirs. — Elle indique comment on doit tenir le cahier unique.

76. — Exposer les *avantages matériels et moraux qui résultent d'une bonne écriture* et de cahiers bien tenus.

LANGUE FRANÇAISE

77. — **Dire en quelques mots, à une institutrice, comment elle doit enseigner la grammaire aux enfants du cours préparatoire et à quelles limites elle doit s'arrêter.**

Mademoiselle,

L'enseignement de la grammaire à vos petites élèves du cours préparatoire vous paraît chose difficile. Vous craignez, non sans raison, qu'elles ne comprennent pas les termes abstraits dont on se sert habituellement, et vous avez peur de ne leur apprendre que des mots qu'il vous répugne de leur faire retenir, sans leur donner la notion exacte de l'idée dont il sont l'expression.

Ce n'est pas chose facile, en effet, que de parler de grammaire aux jeunes enfants. Les mots *substantif, article, adjectif, déterminatif, verbe,* etc., ne font pas partie de leur vocabulaire habituel, et il est certain qu'une maîtresse ordinaire court grand risque de perdre son temps, si elle se borne à suivre pas à pas les petits traités de grammaire qu'elle a à sa disposition.

C'est que, en effet, il ne faut pas se servir d'un livre avec de telles élèves. Elles lisent mal encore et ne comprendraient pas un seul mot à ce qu'elles auraient peine à déchiffrer. M. Buisson, dans un rapport célèbre, où il suppose la question résolue, donne à ce sujet les meilleurs conseils :

« L'élève des classes élémentaires, dit-il, ignore ce que c'est que la grammaire, et il en fait tous les jours. Quand il arrivera au cours moyen, il saura les règles les plus générales de la langue et de l'orthographe ; il distinguera les genres, les nombres, les formes principales des verbes, les principales fonctions des mots ; mais toutes ces connaissances, il les possèdera sous forme concrète, il les aura acquises non à force d'apprendre des règles par cœur (il n'a pas même de grammaire entre les mains), mais par de nombreux exercices de langage et de pensées tout ensemble. Dans le domaine des mots, comme dans celui des choses, on lui fait prendre, dès les premières semaines, l'habitude d'observer, de comparer et de réfléchir. Jamais on ne lui a fait considérer le signe sans le mot, ni le mot sans l'idée ; jamais on ne lui a imposé la nécessité d'apprendre sans comprendre, de commencer par des formules abstraites et de substituer, dans ses opérations intellectuelles, la marche de la logique à celle de la nature. »

Suivez les conseils de M. Buisson, mademoiselle, et ne vous préoccupez pas de l'ordre dans lequel les matières de l'enseignement grammatical sont placées dans les livres didactiques, où les dix sortes de vocables dont se compose le vocabulaire, ainsi que les règles qui les régissent, sont rangées dans un ordre artificiel et tout arbitaire. Les mots, quelle qu'en soit l'espèce, y sont étudiés un à un ; pourtant ils ne vont jamais seuls et l'enfant n'a pas coutume de les considérer, ou mieux de s'en servir isolément. Bien plus, ce ne sont pas les idées les plus simples, les plus accessibles au développement intellectuel de l'enfant de six à sept ans qui sont présentées les premières ; ce sont quelquefois les plus abstraites, comme la distinction des lettres en voyelles et en consonnes ; celle des mots, en mots variables et invariables.

Il est de toute évidence, si vous voulez que vos élèves aient conscience de ce que vous leur direz, qu'il faut que vous leur présentiez les mots dans une phrase simple, mais complète, où le rôle de chacun soit bien saisissable. Il importe aussi que vous n'attiriez d'abord leur attention que sur ceux dont la fonction est facile à comprendre. Vous n'aurez, croyez-moi, aucune difficulté à leur faire distinguer les *substantifs*, qui nomment les êtres ; les *adjectifs*, qui indiquent la forme, la couleur et les autres manières d'être ; les *verbes*, qui indiquent ce qu'ils font, et les *adverbes*, qui indiquent leur manière d'agir.

Vous pourrez ensuite passer à la distinction des *nombres*, des *genres* et des *temps* et faire peu à peu saisir comment on traduit, par l'écriture, les variations que subissent les mots sous cette triple influence. La nécessité de préciser le sens des substantifs, d'éviter de les répéter, comme celle de rattacher les mots et les propositions, vous permettront de définir les autres termes du discours et d'en expliquer l'usage. Enfin, quand vous aurez montré que les êtres sont tantôt *actifs*, tantôt *passifs*, et que leur action s'accomplit dans des circonstances bien diverses, vous aurez pu faire comprendre la valeur des mots *sujet*, *complément direct* et *complément indirect*.

A mon avis, vous aurez fait assez et vous aurez bien fait, si vous vous êtes gardée de toute subtilité en n'exerçant vos élèves qu'avec des phrases simples et claires, ayant trait à des idées qui leur soient familières. Elles pourront alors étudier elles-mêmes dans un livre : elles en comprendront la langue, et l'ordre arbitraire dans lequel les matières y seront rangées leur sera indifférent.

Recevez, etc.

SUJETS A TRAITER

78. — Exposer à un instituteur comment il doit procéder pour l'*enseignement du vocabulaire* : Sens ordinaire des mots : famille de mots ; — sens propre et sens figuré ; — homonymes et synonymes ; — mots primitifs et mots dérivés : radical, préfixes, suffixes.

79. — Exposer à une institutrice comment elle doit faire les *exercices d'analyse* : Utilité de l'analyse ; — dangers des exercices écrits : temps perdu, attention inutilement attirée sur un grand nombre de difficultés déjà levées, peu de résultats pour beaucoup de travail ; — avantage des exercices oraux : beaucoup de travail en peu de temps, attention dirigée où besoin est ; stimulant pour l'activité de l'esprit.

80. — Exposer à un instituteur comment il doit enseigner la *syntaxe* : Définir la syntaxe ; — énoncer les qualités de la syntaxe de la langue française ; — insister pour que l'enfant s'habitue de bonne heure à bien construire sa phrase ; — application immédiate orale et écrite des règles apprises ; — étude des écrivains.

81. — Un instituteur se plaint que son adjoint, chargé du cours élémentaire, ne réussit pas dans l'enseignement de l'orthographe. — Répondre à cet instituteur.

MON CHER COLLÈGUE,

C'est toujours avec douleur, me dites-vous, que vous corrigez, le samedi, les compositions hebdomadaires d'*orthographe* des élèves de votre cours élémentaire. Leurs progrès sont presque nuls, les mêmes fautes de grammaire y sont constamment reproduites et l'orthographe d'usage ne s'améliore guère.

Pourtant, me dites-vous encore, l'adjoint chargé de la classe est plein de bonne volonté. Il corrige avec soin, lui-même, toutes les dictées qu'il donne dans la semaine; il les fait ensuite recopier, et j'ai pu m'assurer que les élèves savent parfaitement par cœur les principales règles de grammaire que leurs dictées peuvent renfermer.

Je ne doute point de la bonne volonté du jeune maître dont vous me parlez; mais, si le résultat est mauvais, j'ai le droit de douter de son habileté. Je me demande d'abord s'il choisit bien le sujet de ses dictées; s'il a le soin de les composer de telle sorte qu'elles soient bien appropriées aux connaissances générales des enfants et à leur savoir grammatical; si elles ne renferment pas des phrases trop complexes, dont le sens leur échappe, et dans lesquelles les rapports des mots entre eux ne soient pas trop difficiles à saisir.

Il ne faut demander aux enfants de cet âge que ce qu'ils peuvent donner. S'ils ne comprennent pas ce qui leur est dicté, parce que le sujet n'est pas à leur portée, ils travaillent sans goût et écrivent au hasard; si la phrase est d'une construction trop savante, ils ne voient pas quelles règles y sont renfermées, et il n'est pas étonnant qu'ils en fassent une fausse application.

Il sera bon, croyez-moi, que votre adjoint compose désormais lui-même ses dictées, en s'inspirant de l'état intellectuel de ses élèves. Un bon maître doit faire souvent l'inventaire des connaissances acquises par les enfants, et l'avoir toujours présent à la pensée lorsqu'il leur prépare un devoir quelconque.

Il a tort de corriger lui-même les dictées, bien qu'il les fasse recopier ensuite. Les enfants subissent ainsi la double impression de la faute et de la correction, et il n'est pas sûr que ce soit la dernière dont ils gardent mieux le souvenir. D'autre part, un rôle aussi passif ne leur convient guère, à eux, qui sont l'activité même, et cette correction, faite en dehors d'eux, leur est absolument indifférente. Ils en ont été si peu frappés, que c'est presque toujours machinalement qu'ils transcrivent leur devoir corrigé. Heureux encore quand ils ne le considèrent pas comme une tâche, ou comme une sorte de punition qu'ils accomplissent avec regret ou avec colère.

Il serait plus sage, à mon avis, surtout avec de tout jeunes enfants, de ne pas les exposer à faire des fautes, ou tout au moins, de faire que la correction fût immédiate et en quelque sorte vivante. Bon nombre de maîtres, qui s'en trouvent bien, procèdent aujourd'hui de la manière suivante :

Un élève est au tableau noir, écrivant à mesure que le maître dicte, pendant que ses camarades écrivent sur leur cahier. On s'arrête à chaque phrase, et l'on corrige ensemble les fautes faites au tableau. Tout le monde y prend part, et le maître n'achève la correction que si les élèves l'ont laissée incomplète. Un tel travail est plein de vie : les règles de grammaire sont rappelées publiquement ; les mots sont expliqués ; l'émulation est sollicitée, et l'activité naturelle des enfants exercée. Avec un peu de vigilance de la part du maître, la correction de tous les cahiers peut être parfaitement faite par les enfants eux-mêmes. Enfin, comme ils ont tous fait moins de fautes que s'ils eussent été complètement abandonné à eux-mêmes, ils n'ont pas à rectifier les fausses impressions qu'ils auraient subies.

J'ai toujours exigé qu'on procédât ainsi chez moi, mon cher collègue, et je n'ai pas eu à m'en repentir.

Agréez, etc.

SUJET A TRAITER

82. — Exposer à une institutrice quels avantages ses élèves retirent des exercices de dictée. — A quoi sert la dictée? — Qu'apprend-elle? — Que faut-il pour bien écrire sous la dictée? — Que doit faire le maître pendant la dictée? — Comment la dictée peut-elle servir à l'enseignement de la grammaire, de la syntaxe et de la composition?

------

83. — Exposer à un instituteur comment on peut enseigner la composition française à l'école primaire.

MON CHER COLLÈGUE,

Vous me priez de vous dire ce que je pense de l'enseignement de la *composition française* dans nos écoles. En présence des faibles résultats qu'on obtient partout, vous paraissez croire qu'il nous est impossible d'amener un enfant de douze ans à écrire en bon français une ou deux pages, sur un sujet à sa portée.

Vous dites, avec raison, que les compositions des enfants qui subissent l'examen du certificat d'études sont, en général, d'une imperfection attristante. On n'y voit aucune trace de plan, aucun ordre; les idées y sont éparpillées, et les phrases, toujours mal construites. sont sans lien entre elles. Le style manque tellement de clarté et de précision, qu'il est souvent difficile de reconnaître ce que les auteurs des compositions ont voulu exprimer.

Quoiqu'un peu chargé, le tableau que vous faites de la situation est vrai, au fond; mais est-il bien, comme vous le prétendez, une preuve de l'impuissance des enfants, et n'avons-nous pas, nous, les maîtres, quelques reproches à nous faire? Avons-nous toujours employé les meilleurs moyens d'enseignement, et ne sommes-nous pour rien dans l'insuccès de nos élèves?

Examinons froidement ce que nous faisons pour la plupart, et cette étude nous révèlera peut-être la véritable cause du mal.

Dans presque toutes les écoles de France, les enfants ne sont exercés à la composition que dans le cours supérieur, où, sans exercice préalable, on leur donne, dès le début, à traiter un assez long sujet : lettre, narration, description, compte rendu d'une promenade, etc. Tout demande un apprentissage, l'art d'écrire comme le reste. Nous exigeons de nos élèves qu'ils fassent une œuvre complète, avant de leur en avoir fait étudier les parties. Il leur faut faire toute une suite de phrases ou de périodes, correctes et précises, alors qu'ils n'en ont jamais construit une seule. Il leur faut enchaîner toute une suite d'idées, et ils n'ont point été accoutumés à en ranger un petit nombre dans un ordre parfait. Ils doivent écrire d'après un plan préconçu, et ils ignorent quelquefois jusqu'au sens du mot lui-même.

Pourtant, si simple que soit la composition littéraire, elle n'aura de valeur qu'autant que les phrases seront correctes et précises, que les idées s'y succéderont de telle sorte que chaque pensée soit claire, et que l'ensemble formera un tout bien ordonné et bien équilibré.

Est-il possible d'obtenir un tel résultat? Je le crois, à condition qu'il en soit de la composition comme des autres matières de l'enseignement, pour lesquelles on se garde bien de commencer par la fin, et que l'on aborde toujours dès le cours élémentaire.

Avant de pouvoir écrire, même une phrase, il faut à l'enfant des idées et des mots. Ce petit capital indispensable lui est donné par toutes les autres leçons qu'il reçoit, et notre tâche est limitée à lui faire exprimer ce qu'il sent. Ce qui importe, c'est d'être vigilant et de ne le laisser ni parler d'abord, ni écrire ensuite d'une façon incorrecte. Lorsque l'enfant parle dans la famille ou avec ses camarades, il se préoccupe peu de faire une phrase parfaite. Il jette en avant l'idée qui le préoccupe, sans autre souci que de l'énoncer, sûr qu'il est de se faire comprendre par le geste et par l'intonation. Il ne faut pas lui laisser une telle liberté à l'école, comme on le fait trop souvent. Il ne faut pas se contenter de mots sans suite, mais exiger qu'il rende sa pensée comme il devrait l'écrire. Il s'y habitue peu à peu et plus vite qu'on ne le croit, si l'on a la volonté ferme. Si le maître, de son côté, pose toujours ses questions avec ordre ; s'il veille à ce que les idées qu'il expose s'enchaînent rigoureusement, il donne à ses élèves une bonne habitude d'esprit dont ils tireront parti.

Il peut les faire écrire alors, non pas plusieurs phrases ou de longues périodes, mais bien un certain nombre de propositions rendant une pensée de plus en plus complexe. S'il a le soin de les faire parler d'abord, de les exercer ensuite au tableau noir en les obligeant à ranger les idées dans un ordre logique, il verra qu'ils éviteront bientôt ce décousu qui n'est que la traduction de l'état d'un esprit qui conçoit sans règle.

Il peut faire mieux encore : il peut régler leur travail de composition en exigeant qu'ils répondent à deux ou trois questions assez habilement posées pour les contraindre à une réponse formant une phrase bien faite, où les idées accessoires viennent expliquer et soutenir l'idée principale.

Il pourra continuer ce mode de travail dans le cours moyen, en augmentant le nombre de ses questions, en

choisissant des sujets d'un ordre plus élevé. Il devra même varier ses moyens et substituer aux questions un sommaire bien ordonné. En diminuant peu à peu le nombre des questions; en les rendant plus vastes, en restreignant le sommaire, il conduira les élèves pas à pas jusqu'au jour où il pourra tout supprimer sans crainte; car ils seront tellement habitués à ne pas s'aventurer au hasard que chacun trouvera son plan avant de commencer son travail. Il n'y aura plus à redouter qu'ils placent leurs pensées sans ordre ni qu'ils les rendent par des phrases incohérentes; l'éducation sévère et rigoureusement suivie qu'ils auront reçue les gardera de tout écart maladroit.

Ne craignez pas, mon cher collègue, que cette méthode, d'apparence aussi rigide, nuise plus tard à ceux qui auront besoin de joindre la beauté de la forme à la netteté, à la précision et à l'ordre. Cette qualité supérieure du style n'est le propre que des imaginations fécondes et des natures passionnées. L'imagination et la passion n'y perdront rien, elles y gagneront au contraire d'être réglées : « Le beau n'existe pas sans l'ordre, sans la proportion, sans la disposition harmonieuse des parties, et il n'est point une œuvre d'art, si belle qu'elle soit, qui ne tienne en partie sa beauté de ces trois précieuses qualités : elles en forment le fond; la beauté du style n'est que l'ornement qui les fait valoir. »

Recevez, etc.

SUJETS A TRAITER

84. — Exposer à une institutrice les règles à donner à ses élèves pour *faire une lettre*. — Forme de la lettre; en-tête selon les personnes; ton à prendre selon les cas; salutations; signature.

85. — Exposer à un instituteur les règles à

donner à ses élèves pour une *narration*. — Exposition ; début ; choix du style ; arrangement des faits ; — conclusion morale à en tirer.

86. — Dire quelles sont les *principales qualités du style.*—Qualités propres à tous les sujets : correction, précision, clarté, naturel, etc ; — qualités propres à des sujets spéciaux : noblesse, élégance, concision, abondance, simplicité, etc.

ARITHMÉTIQUE

87. — Exposer à un instituteur la nécessité de donner aux enfants une idée exacte du nombre.

MON CHER COLLÈGUE,

A la dernière conférence pédagogique, vous avez émis l'idée que l'enseignement de l'arithmétique ne saurait que gagner à être débarrassé de tous les appareils qui ont pour but de le rendre concret. Vous pensez qu'il vaut mieux se borner à faire compter seulement de tête, et vous ajoutez qu'il ne vous paraît pas, du reste, possible de *donner aux enfants une idée exacte du nombre.*

Je sais qu'en cela vous êtes d'accord avec plus d'un pédagogue de mérite et que ce n'est point légèrement que vous avez manifesté cette opinion. Quoi qu'il en soit de votre conviction et de l'autorité des personnes qui pensent comme vous, permettez-moi d'essayer de prouver le contraire et de chercher à vous faire partager mon sentiment en cette matière.

Et tout d'abord, est-il bon, comme vous le dites, de renoncer aux moyens intuitifs pour l'enseignement du calcul ? Si l'intuition n'était pas un moyen d'éducation ou d'instruction, comme l'interrogation ou l'exposition, on pourrait à la rigueur l'abandonner pour cette matière d'enseignement ; mais l'intuition est une faculté, au même titre que la mémoire et l'imagination. Elle est, comme celles-ci, un mode spécial d'action de la conscience pour l'acquisition des idées, celui peut-être dont elle fait le plus fréquent usage pendant toute la durée de la vie de l'homme et, certainement celui qu'elle emploie le premier. Vouloir supprimer une des facultés de l'intelligence est plus qu'une témérité : c'est, à mon avis, une inutilité ; car, que nous le voulions ou non, la faculté s'exerce quand même. Ne vaut-il pas mieux s'en servir méthodiquement, pour que l'enfant en tire le plus grand profit ?

Mais pourrions-nous arriver à supprimer l'exercice de l'intuition en telle matière, que nous devrions nous en garder au point de vue de l'éducation générale de l'enfant. Obliger celui-ci à s'exercer sur des mots et des quantités dont il n'a pas une exacte notion, c'est lui faire faire une fausse opération intellectuelle et l'accoutumer à se contenter de mots. Vous comme moi, nous voulons qu'il sache ce qu'il dit, et non qu'il nous croie sur parole ; et que fait-il autre chose, lorsqu'il répète que 9 et 6 font 15 sur notre seule affirmation ; lorsqu'il dit avec nous que le chiffre 2 du nombre 24 représente deux dizaines, sans avoir eu la preuve matérielle que le fait est possible ?

Enfin, en matière de science exacte, où la nécessité de tout démontrer par le raisonnement est universellement reconnue, n'y aurait-il pas danger à ne pas commencer d'abord par la démonstration, par les faits ? Est-ce que la première est possible sans la seconde ? Est-ce que toute science, quelle qu'elle soit, est autre chose qu'un ensemble de généralités résultant de l'observation des faits eux-mêmes, et en est-il une seule qui ait sa source dans la raison pure ?

J'estime aussi que vous commettez une non moins grande erreur quand vous affirmez qu'il n'est point possible de donner aux enfants une idée exacte du nombre. Votre défiance à leur endroit est trop grande, croyez-moi. On peut dire bien des choses aux enfants, qui vous suivent toujours, si vous savez trouver le chemin que leur intelligence peut parcourir. La notion du nombre, tout abstraite qu'elle peut paraître, est de celles qu'ils peuvent acquérir par l'intuition, aidée d'un raisonnement à leur portée.

Voici comment on procède chez moi et chez plusieurs de nos collègues, qui croyons avoir résolu ce problème dont la solution vous semble impossible.

Nous nous servons de bûchettes pour ce travail et nous faisons compter jusqu'à neuf, non pas en prenant neuf bûchettes une à une, mais bien en plaçant à côté les uns des autres des tas de une, deux, trois..... et neuf bûchettes. Nous avons pensé que le procédé habituel qui consiste à dire : un, deux, trois, etc., en ajoutant une bûchette à celle déjà comptée, n'est pas rigoureusement exact, car c'est la première, la deuxième, la troisième, etc., du tas qu'on leur montre ainsi. Chacun des tas de bûchettes est ensuite représenté au tableau noir par un nombre égal de lignes, sous lesquelles on inscrit le chiffre correspondant. Avant de passer aux dizaines, nos élèves sont exercés à faire eux-mêmes les tas de bûchettes, les groupes de lignes, ainsi que les chiffres qui les représentent.

Nous réunissons alors dix bûchettes en un paquet bien lié, ce qui leur donne alors la notion du groupe de dix, formant une nouvelle unité sur laquelle on opère de la même façon, en ayant soin d'écrire un chiffre significatif ou un zéro à la droite du chiffre des dizaines, selon que nous mettons ou ne mettons pas de bûchettes non liées à côté des divers groupes de dizaines que nous formons. Je n'ai pas besoin de répéter ce que nous faisons pour les centaines, vous le voyez du reste.

Je puis vous assurer, mon cher collègue, que tous nos

élèves comprennent vite et bien ce qu'ils font. C'est merveille de voir' comme ils forment vite un nombre avec l'aide de leurs bûchettes isolées et avec celles qui sont liées par paquets de cent et de dix, de même qu'ils n'hésitent jamais à écrire les nombres représentant les divers groupes de centaines, de dizaines et d'unités qu'on leur a mis sous les yeux ; tout cela d'autant plus vite, qu'ils ont été mieux exercés à les former eux-mêmes avec des objets matériels.

Certes, nos enfants de six à sept ans ne pourraient vous exposer la théorie scientifique de ce qu'ils ont fait. Ils ne savent pas encore assez se servir des mots dont ils ont le sens pour en tirer un tel parti, mais il n'en est pas moins vrai qu'ils ont conscience de ce qu'est un nombre de trois chiffres, ce qui est suffisant à leur âge. On ne peut leur en nommer un seul sans qu'ils voient en eux-mêmes les divers paquets de bûchettes qui le forment.

Ils n'en comptent pas moins bien pour cela : ils savent, en plus, la valeur des mots qu'ils répètent, et leur raison et leur jugement ont été satisfaits, en même temps que leur mémoire a été enrichie.

Veuillez me pardonner cette longue lettre, mon cher collègue, ainsi que mon insistance, qui n'a d'autre objet que de chercher à vous convaincre comme je suis moi-même convaincu.

Recevez, etc.

SUJETS A TRAITER

88. — Exposer à une institutrice *le moyen de faire faire les quatre opérations de l'arithmétique* en opérant concurremment avec des chiffres et des objets matériels. — Montrer que, dans les deux cas, les procédés sont identiques.

89. — Exposer à un instituteur *comment il doit choisir et rédiger les problèmes d'arithmétique* qu'il

donne : tenir compte de la force de la division ; —
donner d'abord des sujets ayant trait aux besoins
de la localité ; puis des sujets pouvant faire connaître des faits utiles à la culture générale des
enfants ; — leur donner, autant que possible, un
caractère moral.

90. — Démontrer l'*utilité de la théorie arithmétique* et prouver qu'il ne faut pas s'en tenir à la
seule pratique, même à l'école. Nécessité d'habituer les enfants à raisonner d'une manière suivie ;
— de les accoutumer aux procédés de déduction ;
— leur donner la satisfaction de voir qu'ils n'ont
obéi qu'à leur raison et qu'ils n'ont été influencés
par rien.

HISTOIRE

91. — **Exposer à un instituteur en quoi doit
consister l'enseignement de l'histoire de
France à l'école primaire.**

MON CHER COLLÈGUE,

Vous me demandez de vous dire en quelques mots
*en quoi doit consister l'enseignement de l'histoire de
France* à l'école primaire, et vous me priez de vous
tracer une sorte de programme très général, vous per-
mettant de ne rien omettre de ce qui est nécessaire, eu
égard au temps trop limité pendant lequel les enfants
sont confiés à nos soins.

Il en est de l'enseignement de l'histoire de France

comme de tout autre ; ce qu'il doit comprendre est indiqué par le but qu'on se propose d'atteindre en le donnant. Comme pour tout autre, ce but est double, c'est-à-dire qu'il doit servir à la culture générale de l'enfant, en même temps qu'il doit le préparer à jouer dans la vie un rôle spécial, où il devra remplir certains devoirs déterminés, exercer des droits particuliers. La bonne culture générale des facultés de l'enfant par l'enseignement de l'histoire résultera de la méthode que vous suivrez. Nous avons déjà dit quelle elle doit être et je n'y reviendrai pas: ce serait sortir du sujet qui nous préoccupe.

Nous serons certainement d'accord quand je vous dirai que le but spécial que nous devons atteindre, en enseignant l'histoire de notre pays, est de préparer l'enfant à être patriote, soldat et citoyen. Il ne sera patriote que s'il aime et respecte sa patrie ; et comment éprouverait-il pour elle le double sentiment de l'amour et du respect, s'il ne sait pas combien elle a été grande et généreuse dans le passé, et combien elle doit l'être encore dans l'avenir pour ne pas mentir à ses origines ; s'il ne sait quels efforts ont été faits pour la faire ce qu'elle est aujourd'hui et s'il ne sait en déduire ceux qu'il doit faire à son tour, pour aider non seulement à la conserver, mais encore à la maintenir dans une voie prospère ?

Il ne sera bon soldat que s'il sait bien quelles sont les vertus de cet état et s'il connaît la vie de ceux qui ont su mériter le titre glorieux de véritable soldat français. Il ne sera bon citoyen que s'il est bien pénétré de la responsabilité qui résulte, pour lui, de l'exercice des droits que lui confère ce titre, et s'il a bien appris combien il en a coûté de souffrances matérielles et morales à ceux qui ont travaillé et combattu pour le lui conquérir.

Les nations sont comme les individus, les familles. Chacune a sa vie propre, et elles n'arrivent qu'au degré de prospérité et de splendeur mérité par leurs efforts. Elles ont aussi une vie matérielle et une vie morale d'autant plus heureuses qu'elles ont plus fait pour acquérir la richesse qui rend la première facile, et les vertus qui rendent l'autre plus parfaite. La France est aujourd'hui une nation vaste, riche, unie, libre. Il semble à qui la parcourt qu'elle s'est faite d'une fois, tant la fusion est complète entre toutes ses parties. Les lois qui la régissent ont pour base la justice et assurent à tous les mêmes avantages et la même protection. Les citoyens y exercent la souveraineté en toute liberté et y sont absolument maîtres de leurs destinées. Sa richesse est immense et le bien-être dont chacun jouit est incomparablement supérieur à celui dont jouissent les habitants des autres contrées même les plus favorisées. La civilisation qui y règne est, quoi qu'on dise, la civilisation-reine. Nulle part les productions de l'esprit humain, dans le domaine de la littérature, de la science, de l'art et de l'industrie, n'ont été et ne sont plus parfaites.

C'est cet examen de l'état actuel de la France qui doit nous indiquer, mon cher collègue, en quoi devra consister l'enseignement de son histoire. Elle n'a pas toujours été grande et unie comme aujourd'hui. Elle s'est matériellement faite peu à peu. Chacune de ses parties n'a été fondue dans l'ensemble qu'au prix de bien des luttes et de bien des souffrances. Indiquer comment elle s'est faite une, quelles luttes ont été soutenues dans ce but, quels hommes y ont dévoué leur intelligence, leur fortune, leur courage, leur vie même : telle est la première partie de notre tâche.

Les lois qui la régissent n'ont pas toujours eu pour base la justice ; les institutions dont elle jouit n'ont pas toujours été humaines et protectrices pour tous. Les citoyens n'y ont pas toujours été libres et égaux, et le temps n'est pas bien loin où ils étaient encore livrés au caprice d'un homme. Apprendre à l'enfant combien il a fallu de temps pour arriver à l'état actuel des choses, quels sacrifices ont dû être faits, quels martyres même supportés, quels hommes ont travaillé et souffert pendant des siècles pour assurer le triomphe du droit. de

8.

la justice et de la liberté ; quels hommes aussi ont tout entrepris pour entraver l'œuvre généreuse des premiers : telle est la seconde.

Enfin, mon cher collègue, comme tout se tient et comme aucun progrès n'est indépendant des autres, il nous restera à dire comment et par qui l'ignorance a été détruite, à noter un à un tous les progrès de l'esprit humain, ses éclipses et ses reculs, et à signaler tous les hommes qui se sont distingués dans n'importe quelle branche de l'activité humaine et ont enrichi le monde d'une idée nouvelle, d'une découverte utile, ou d'une œuvre glorieuse. Et ne vous y trompez pas, cette partie de notre travail est la plus importante : sans les progrès de l'esprit humain, la France ne se serait pas constituée en grande nation, et elle n'eût conquis ni la richesse qui fait son bien-être, ni la science qui la fait libre.

On vous dira peut-être, mon cher collègue, qu'une telle façon d'envisager l'histoire est au-dessus de l'âge et de l'intelligence de vos élèves. N'en croyez rien. Ce n'est pas la nature de l'enseignement qui est au-dessus des enfants, c'est toujours la façon dont il est donné qui le rend ou non profitable. Accommodez votre langage à leur âge, et n'ayez peur : j'ai toujours vu qu'ils sont capables de suivre merveilleusement une pensée quand elle leur est présentée d'une manière saisissante.

Recevez, etc.

SUJETS A TRAITER

92. — Exposer dans une lettre quelle a été *l'influence des Romains sur les institutions que s'est donnée la France.* — Étude du droit ; établissement des communes ; monarchie absolue ; centralisation administrative.

93. — *Même sujet pour les Gaulois.* Tempérament ; bravoure ; indépendance ; égalité ; liberté individuelle ; suffrage universel ; amour de l'éloquence.

---

94. — Exposer à une institutrice comment on peut enseigner l'histoire de France aux petits enfants.

MA CHÈRE COLLÈGUE,

La nécessité d'enseigner *l'histoire de France aux enfants* de nos écoles s'impose aujourd'hui si impérieusement que l'autorité a cru devoir en rendre l'enseignement obligatoire. Convaincue qu'on ne pouvait trop parfaitement leur faire connaître nos misères et nos gloires passées, elle a fait plus encore, elle a voulu que cet enseignement commençât dès leur entrée à l'école. Cette exigence de l'autorité a surpris beaucoup d'entre nous, habituées à ne le donner qu'à nos élèves du cours supérieur. C'est qu'en effet, nous ne pouvons parler d'histoire à nos toutes jeunes enfants avec le même langage qu'aux plus avancées, ni régler nos leçons dans le même ordre, ni employer les mêmes procédés rigoureux d'exposition, de même que nous sommes obligées de resserrer les limites de nos leçons et d'en choisir la matière avec le plus grand soin.

Vous craignez de ne pas réussir, dites-vous, et votre inquiétude augmente votre impuissance. Cette triple nécessité d'accommoder votre langage à l'âge de vos fillettes de six à sept ans, de bien choisir vos sujets et de trouver un procédé convenable, vous cause un inexprimable embarras, et vous m'affirmez que vos efforts ont été presque vains jusqu'à ce jour. Laissez-moi vous dire que vous subissez trop l'influence des procédés de l'école où vous avez fait vos études, et que vous ne vous souvenez pas assez des jours de votre enfance alors que votre mère, pour contenter votre curiosité naïve, vous racontait à sa façon de longues histoires, dont vous ne perdiez ni un détail ni un mot. C'est en réfléchissant à ce passé si heureux que vous trouverez la solution du problème qui vous embarrasse.

Souvenez-vous toujours que votre mère ne vous parlait que de ce qu'elle savait bien, qu'elle ne vous entretenait que de faits qui lui étaient familiers, et qu'elle n'arrêtait votre esprit que sur des choses qu'il pouvait comprendre, en accommodant et en variant son langage de telle sorte qu'il vous fût toujours accessible. C'est son amour pour vous qui la rendait si habile : c'est la communion étroite qui existait entre vos âmes qui lui faisait trouver si aisément le chemin de votre esprit et de votre cœur. De là pour vous, ma chère collègue, l'obligation de vous mettre en état, par une connaissance approfondie de l'histoire, poussée même jusque dans les détails anecdotiques, d'en parler clairement, surtout agréablement. Si à votre savoir, aussi sûr que varié, vous joignez une affection profonde pour vos élèves, elles ne tarderont pas à avoir en vous une absolue confiance et la même communion qui existe entre elles et leurs mères existera bientôt entre elles et vous-même. La sûreté de vos connaissances en même temps que votre désir de leur être utile donneront à votre langage la clarté, la chaleur, la couleur et la naïveté sans lesquelles vos leçons seraient perdues ou presque sans effet.

Vous vous rappelez aussi combien vous aimiez qu'on vous contât l'histoire d'un petit garçon ou d'une petite fille, d'un prince ou d'une princesse, et vous frémissez encore au souvenir des malheurs du petit Chaperon Rouge, ou des dangers courus par le petit Poucet. Les premiers écrits de l'histoire sainte, où il n'est question que des aventures d'un principal personnage, ne vous touchaient pas moins, et je suis sûre que pas un des détails de la vie de Joseph, de Samson ou de Samuel n'est sorti de votre mémoire. Mieux que quoi que ce soit, ces souvenirs peuvent vous guider pour le choix de vos sujets et la forme à donner à vos leçons. Ils sont nombreux et de toutes les époques les personnages de l'histoire de France, dont les vies peuvent être racontées de telle sorte et dans un tel ordre, que vos récits constituent un véritable cours d'histoire, à la fois plein de charme et plein d'utilité. De Vercingétorix en passant par sainte Geneviève, Clotilde, Blanche de Castille, Godefroy de Bouillon, Duguesclin, Jeanne Darc, Bayard, pour ne nommer que les plus célèbres, jusqu'à Barra et Viala, vous n'avez que l'embarras du choix. Ornez vos récits d'anecdotes, de détails sur les mœurs du temps, de descriptions des vêtements, des habitudes et du pays lui-même, et vous verrez avec quel intérêt vous serez écoutée et vous comprendrez combien cette préparation du cours élémentaire est utile à l'enseignement plus didactique de vos divisions supérieures.

A tout ce qui précède, je vous engage d'adjoindre un procédé également tiré des souvenirs de votre enfance et qui aura l'avantage de donner à votre enseignement la forme concrète indispensable avec les tout jeunes enfants. Vous avez souvenir comme moi de la profonde impression que laissaient dans notre esprit les grands tableaux qu'un bateleur quelconque exposait aux regards les jours de fête ou de foire. Ils représentaient un crime, un incendie, quelquefois un fait historique. Le bateleur, dans un langage imagé et avec une pantomime animée, nous expliquait les faits à sa façon, et nous l'écoutions bouche béante, ne perdant ni un geste, ni un mot, et nous rentrions à la maison paternelle, émus et palpitants. Sans prendre haleine, nous racontions d'un trait et sans la moindre omission tous les détails de l'histoire terrifiante. Des observateurs attentifs ont vu tout le parti qu'on pouvait tirer de cet amour pour les images et de cette facilité à en retenir le commentaire. Des tableaux d'histoire ont été exécutés dans un dessein d'éducation et les écoles maternelles en sont déjà presque partout pourvues. Ne négligez pas ce procédé d'enseignement ; il n'en est point de meilleur, puisque la vue des faits eux-mêmes est absolument impossible. Faites seulement une collection judicieuse ; composez-la à l'aide de plusieurs autres, si besoin est.

C'est ainsi que je procède depuis plusieurs années, ma chère collègue. Je m'en suis bien trouvée et mes élèves aussi. Je perfectionne mes moyens chaque jour, je profite de ma connaissance de plus en plus grande des habitudes d'esprit des enfants, et cet enseignement, qui m'a été pénible au début, est peut-être aujourd'hui celui que je dispense avec le plus de plaisir.

Agréez, etc.

SUJETS A TRAITER

95. — Raconter l'*histoire de Jeanne Darc* aux enfants du cours élémentaire avec le langage qui convient. — Insister sur l'enfance et les derniers moments de l'héroïne.

96. — Même sujet à propos de *Duguesclin*.

97. — Même sujet à propos de *Bayard*.

98. — Raconter le *dévouement de d'Assas.* — Faire ressortir son héroïsme de patriote et de soldat.

99. — Raconter le *dévouement du petit Barra.* — Insister sur son patriotisme et sur son civisme.

100. — **Exposer à un instituteur comment on doit donner la leçon d'histoire dans le cours supérieur.**

MON CHER COLLÈGUE,

Les élèves de votre cours supérieur. m'écrivez-vous, ne vous donnent pas pleine satisfaction lorsqu'ils font le compte rendu oral ou écrit de leur *leçon d'histoire de France.* Les uns, confiants dans leur mémoire, apprennent ou cherchent à apprendre par cœur le mot à mot du livre qu'ils ont entre les mains. Si le mot vient à leur manquer, le compte rendu est alors absolument impossible; si, au contraire, leur mémoire est fidèle, ils récitent servilement et sans intelligence, et vous constatez bientôt que leur effort a été sans profit, puisque quelques jours après ils ne savent plus rien. Les autres, plus intelligents, cherchent à retenir les faits et les idées bien plus que les mots; mais, soit qu'ils aient étudié sans méthode, soit que leur esprit n'ait pas encore assez de maturité pour bien choisir et classer ce qu'ils ont appris, le résultat n'est guère meilleur que pour leurs camarades. Ils placent les faits sans ordre ou donnent une importance considérable à un fait secondaire tout en oubliant le fait principal; ils confondent ou embrouillent les idées, et il est facile de s'apercevoir qu'ils n'ont dans l'esprit qu'un amas confus. Leur langage, parlé ou écrit, se ressent de cette confusion, et tel enfant qui s'exprime assez correctement d'habitude, ne fait plus que bredouiller s'il parle d'histoire et ne construit aucune phrase régulière s'il écrit sur cet objet.

Vous avez bien vu le mal, mon cher collègue, et c'est déjà beaucoup que vous l'ayez constaté. Quand le diagnostic du médecin est sûr, les chances de guérison sont grandes, car le remède est facile à trouver. Du reste, ce mal dont vous vous plaignez est presque général, et les écoles primaires de France où l'on pourrait le constater sont hélas! bien nombreuses. Vous souffrez de ce dont nous souffrons tous, plus ou moins, et cela, avouons-le, bien souvent par notre faute. Si nos élèves ne savent pas leurs leçons, celles d'histoire comme les autres, s'ils sont incapables d'en faire un compte rendu suffisant, c'est que nous n'avons pas tout fait pour leur permettre de mieux faire.

Voyons ensemble ce qui se passe généralement à l'heure d'une leçon quelconque. Le maître fait réciter la leçon tout entière à chaque élève, le redressant quelquefois, le punissant toujours, quand il n'est pas satisfait. Le temps fixé pour la leçon particulière dont on s'occupe s'écoule ainsi, sans que le maître ait agi sérieusement sur l'intelligence de l'élève, sans que sa parole ait éclairé ce qui pouvait être obscur pour l'enfant. L'heure va sonner, il faut donner à la hâte la leçon du lendemain ; le maître s'empresse et se borne à dire : « Vous apprendrez depuis tel numéro jusqu'à tel autre. » Voilà le pauvre enfant en présence d'un travail auquel rien ne l'a préparé ; obligé de classer dans son esprit des faits dont il ne voit pas l'origine et dont l'importance lui échappe, de comprendre et de s'approprier des idées nouvelles, sans lien apparent pour lui avec celles qu'il possède, exprimées souvent dans un langage abstrait, dont chaque terme nécessite une explication. Croyez-vous, sérieusement, qu'il lui soit possible, dans ces conditions, d'être, le lendemain, clair, précis, correct dans le compte rendu qu'il devra faire? Je n'insiste pas pour vous convaincre combien est impérieuse l'obligation de le préparer sérieusement à l'étude à laquelle il doit se livrer.

Mais je m'aperçois que j'oublie qu'il s'agit d'histoire et des moyens d'en rendre l'étude fructueuse, agréable même s'il est possible. Si, comme moi, vous êtes pénétré de la nécessité d'une préparation plus parfaite de la leçon à venir, vous ne consacrerez que quelques minutes à vous rendre compte que les élèves savent bien la leçon antérieure et vous réserverez tout ou presque tout votre temps à l'indispensable initiation de leur travail prochain.

Pour ce qui est de cette préparation, toujours difficile, je n'ai pas besoin de vous dire qu'il vous faut, vous-même, vous y être préparé par un travail personnel tout récent. Je me bornerai, par un exemple particulier, à vous montrer comment on peut procéder dans un cas spécial, sûr que je suis que vous saurez parfaitement conclure du particulier au général.

Supposons ensemble que vous ayez à préparer vos élèves à l'étude du règne de Charles V. Votre premier devoir n'est-il pas d'indiquer dans quel état matériel et moral se trouve la France au moment où ses destinées sont remises entre ses mains? Vous leur montrerez, sur la carte, quelles provinces seulement lui restent soumises; vous leur direz qu'il a à se débarrasser de Charles le Mauvais, qui intrigue dans le Nord; à terminer la guerre de Bretagne, source permanente de difficultés; à chasser du pays les grandes Compagnies qui le dévastent; à déposséder les Anglais des provinces qu'ils occupent; à remplir le trésor royal qui est vide; à ressusciter le goût des lettres et des sciences, qui a disparu; enfin, à mettre de l'ordre dans le gouvernement et dans l'administration du royaume.

Ce premier travail fait, vous indiquerez la nécessité pour le roi d'être à la fois politique profond, administrateur habile, capitaine expérimenté et vaillant. Un mot sur sa santé, et vos élèves comprendront la nécessité pour lui de s'adjoindre le bras fort et la capacité militaire de Duguesclin.

Il vous sera facile alors de leur faire comprendre l'œuvre de ces deux hommes éminents, levant les difficultés une à une et, pour ainsi dire, à leur heure; commandant en quelque sorte aux événements. A mesure que vous leur montrerez successivement comment ils se débarrassent du roi de Navarre, en le battant à Cocherel et en plaçant tous ses intérêts dans le Midi; comment ils terminent la guerre de Bretagne à l'avantage de la France, malgré la défaite d'Auray; comment ils chassent les grandes Compagnies tout en gagnant le roi d'Espagne à la cause française, ils comprendront le mobile de tous leurs actes et ils verront sans peine pourquoi la guerre avec l'Angleterre n'est déclarée qu'à la fin du règne. Les mesures administratives de Charles V, venant toujours à propos soutenir chacune des petites victoires de Duguesclin, en même temps qu'elles dépopularisaient les Anglais, leur paraîtront nécessaires, et ils ne négligeront pas de les apprécier et d'en garder le souvenir, comme ils le font toujours. Le bon gouvernement de Charles V, ses économies, le soin qu'il prend du développement de l'esprit humain, ne les surprendront pas de la part d'un homme qu'ils auront vu prudent et habile, et cette partie si importante de l'histoire de son règne ne sera pas celle qui les touchera le moins.

Si vous avez su vous servir de la carte à propos ; si vous avez tracé sur le tableau noir, un programme bien clair de tout ce que vous avez dit, à mesure que vous parliez ; si vos élèves ont copié ce programme et s'en servent utilement pour leur étude, soyez sûr, mon cher collègue, que vous n'aurez pas à vous plaindre du compte rendu qu'ils feront.

Ce que nous venons de faire pour l'étude du règne de Charles V, peut l'être pour toutes les parties de l'histoire, et il n'est pas d'événement dont une analyse préalable ne puisse être faite ainsi. C'est nous, et non nos élèves, qui devons tout d'abord faire ce travail, sans lequel nous sommes coupables et devons être rendus responsables de leur insuccès.

Recevez, etc.

SUJETS A TRAITER

101. — Préparer une leçon sur le *règne de saint Louis.*—Minorité ; révolte des grands vassaux ; éducation du roi ; événements militaires : guerre avec

les Anglais; croisades; administration; justice?
fermeté; mesures prises. — Progrès de l'esprit humain : mesures qui le favorisent.

102. — Leçon sur l'*établissement des communes.*
— Origines ; causes de l'élévation de la classe inférieure ; forme habituelle des réclamations; chartes
communales; luttes pour les conserver ; absorp-
tion des communes par le pouvoir royal.

103. — Leçon sur la *convocation des états géné-*
raux en 1789.—État de la France; forme de la convocation; double représentation du tiers; vote par
ordre ou par tête; les cahiers ; les élections;
réunion.

---

104. — **Exposer à un instituteur comment on
peut faire servir l'enseignement de l'histoire
à l'instruction civique.**

MON CHER COLLÈGUE,

Il vous semble, me dites-vous, que *l'enseignement civique* dans les écoles ne doit pas faire l'objet d'un cours
spécial et qu'il serait préférable de le donner à propos
de la leçon d'histoire, sous forme de commentaires et
d'explications. Vous me demandez mon opinion à ce
sujet, en me priant de vous indiquer en même temps, la
marche à suivre.

Votre idée est parfaitement judicieuse. L'instruction
civique a pour but de former de bons citoyens. L'histoire non seulement peut, mais doit encore servir de base
à cet enseignement, puisqu'elle nous retrace les modi-

fications successives apportées à la forme du gouvernement de notre pays, qu'elle nous rapporte les faits de ceux qui ont été la gloire de la patrie. C'est elle qui nous fait connaître la source de nos droits civiques et nous montre comment ils nous ont été acquis ; c'est donc à elle qu'il nous faut avoir recours pour en bien connaître l'étendue et les limites et pour apprendre à les exercer pleinement et dignement.

Je ne crois pas qu'il soit nécessaire d'appeler beaucoup l'attention des enfants sur les détails des gouvernements avant 89. Les rênes se trouvaient entre les mains d'un seul, soit dans celles du roi lui-même, soit dans celles d'un premier ministre à qui il se remettait du soin des affaires. C'était toujours l'autocratie, soit personnelle, soit par procuration. Par contre, il serait bon d'insister sur tous les mouvements où l'on peut voir des signes précurseurs de l'affranchissement du peuple ; d'appuyer sur les actions d'hommes tels qu'Étienne Marcel ; de faire ressortir les résistances des parlements aux ordres royaux. Dans ces actes, que l'on peut louer ou blâmer, selon qu'ils étaient favorables ou contraires aux intérêts du pays, nous voyons en germe les idées de révolte contre l'autorité d'un seul, détruite plus tard par ces mêmes idées lorsqu'elles eurent atteint un plein développement.

Il importe essentiellement, pour bien préparer nos enfants à comprendre la grande Révolution, de leur esquisser à grands traits la société au moyen âge et aux premiers siècles des temps modernes, et de leur indiquer sommairement les transformations survenues dans cette société sous tel ou tel règne. Et ici, je prendrai la liberté de vous rappeler ce que je vous ai déjà écrit sur la distinction à établir entre les droits et les privilèges : nous ne saurions en trouver une application de plus haute portée que dans l'ordre des faits qui nous occupent.

Les paysans étaient groupés autour du château, comme les seigneurs autour du suzerain. Si l'étranger menaçait, le suzerain faisait appel à ses vassaux qui partaient avec leurs hommes d'armes pour défendre le territoire. De même, si, à l'intérieur, les paysans étaient attaqués dans leur vie ou dans leur mince avoir, soit par un seigneur ennemi, soit par les bandes qui ravageaient de ci de là le pays, c'était au châtelain à les protéger contre toute atteinte. En aucun cas le paysan n'avait à verser son sang. Le seigneur se battait pour lui, il travaillait pour le seigneur et les redevances qu'il payait à celui-ci n'étaient qu'une juste rétribution pour la sécurité que le château était chargé de lui procurer. Tant donc qu'exista cet échange de services, la dîme et autres impôts furent des droits.

Mais, du jour où l'ordre fut établi à l'intérieur, le seigneur, n'ayant plus à défendre ni les convois de marchands qui auraient pu circuler librement, ni les paysans cultivant tranquillement le sol, ces droits devinrent des privilèges, et les tributs de toute nature ne furent plus que de criantes exactions. Du jour où les milices communales furent instituées, où, l'autorité du roi devenant incontestée, la France ne forma plus qu'une grande nation pour le salut de laquelle chacun sacrifiait sa vie et sa fortune, tous auraient dû avoir des droits égaux, parce que tous remplissaient des devoirs égaux : la Révolution était faite en principe.

Mais l'application de ces principes et la déclaration de ces droits n'eurent lieu qu'en 1789.

Là cesse le sommaire et il ne faut plus craindre d'entrer dans les détails, qu'on doit avoir soin de bien préciser. Il vous faut insister sur les libertés proclamées par la Constitution et sur la déclaration des droits de l'homme. Les enfants ont inné le sentiment de la justice : ils comprendront que le peuple, payant l'impôt et d'argent et de sang, a le droit de s'occuper de la façon dont on le gouverne ; ils sentiront comme un axiome le principe de la souveraineté nationale. Le contraire leur paraîtrait chose monstrueuse et incompréhensible.

Ces principes bien gravés dans leur esprit, après

quelques indications sur les états généraux et leurs attributions, vous leur donnerez une explication bien claire de ce que furent la Constituante, la Législative, la Convention. Vous leur montrerez dans le conseil des Anciens et des Cinq-Cents, sous le Directoire, la forme type du gouvernement qui a persisté chez nous ; vous leur direz ce qu'était le Consulat, ce que fut l'Empire, en quoi consistaient les différents corps, comment ils étaient formés et quel était leur rôle.

Vous avez eu, dès le commencement, l'occasion de définir nettement à vos élèves ce qu'on entend par pouvoir législatif et exécutif.

Arrivés à la Restauration, vous leur expliquerez quel était le but de la Charte. Ils sentiront les causes du renversement des Bourbons, de même que celui de Louis-Philippe, puisqu'on leur aura déjà appris ce qu'on entend par suffrage. En un mot, mon cher collègue, vous suivrez pas à pas les modifications successives apportées dans la forme gouvernementale, leur en démontant pour ainsi dire les rouages principaux, leur donnant une juste idée du mot et de la chose. Et, quand vous aurez ainsi amené vos élèves, à travers la République de 1848, à travers les proclamations de l'empire, son suffrage universel, son corps législatif, son sénat et son plébiciste, jusqu'à la proclamation de la République actuelle, ils auront depuis longtemps l'idée de l'État. Ils sauront comment un gouvernement fonctionne, comment le peuple nomme ses représentants, comment les représentants nomment un chef de l'État, qui choisit lui-même ses ministres. Depuis longtemps aussi, à propos de tel fait historique, vous leur avez parlé du pouvoir judiciaire, de la justice et des tribunaux institués pour l'administrer.

Afin de fixer davantage dans l'esprit des enfants ce que vous avez enseigné, vous terminez par une revision complète du système actuel. Vous leur montrez la commune élisant ses conseillers municipaux, chargés d'administrer les affaires de la commune avec le maire qu'ils élisent; de même, dans le département, le conseil général élu, chargé de régler les affaires du département, de concert avec le préfet, fonctionnaire de l'État; enfin les représentants de la nation divisés en deux Chambres. Vous définissez les attributions de la Chambre des députés, du Sénat et du président de la République; vous dites ce qu'on entend par congrès et dans quel but il se réunit.

Mais il est évident que l'instruction civique ne saurait se borner à une simple énumération de pouvoirs, à la connaissance de la sèche nomenclature des pièces qui composent le mécanisme gouvernemental. Nous devons tirer de l'histoire, qui nous enseigne comment nous avons acquis nos droits, les moyens de les sauvegarder; et nous ne saurions trop répéter aux enfants que ces droits nous imposent des devoirs auxquels nous ne saurions nous soustraire sans nous rendre indignes de la souveraineté nationale. Il faut leur rappeler sans cesse le respect dû à la loi, en se saisissant de tous les faits historiques où l'on y aura manqué; le respect dû à la liberté de conscience et à la liberté individuelle en flétrissant tous les actes gouvernementaux qui y ont porté atteinte: l'histoire ne nous en fournit que trop d'exemples.

Il reste un dernier point, et un des plus importants, puis l'enseignement civique sera terminé: je veux parler du suffrage universel. Vous savez aussi bien que moi, mon cher collègue, combien d'hommes font un misérable emploi de ce droit d'électeur dont ils jouissent. Qu'en sortant de l'école les enfants soient bien pénétrés de cette vérité que le bulletin de vote est l'instrument par lequel le peuple exerce sa souveraineté nationale, et que celui-là commet un vrai crime qui se laisse aller, en déposant son bulletin dans l'urne, à des considérations autres que celles qui ont en vue le bien-être de la commune ou de la patrie, concilié avec sa grandeur. Inspirez-leur l'honnêteté politique; apprenez-leur le mépris de tous ceux qui exercent à la légère leur droit souverain, l'horreur de tous ceux qui votent suivant leur intérêt personnel, au lieu de ne songer qu'au bien général du pays, et vous aurez fait de bons citoyens.

Agréez, etc.

SUJETS A TRAITER

105. — Exposer à une institutrice la *nécessité de l'enseignement civique pour les femmes* et lui dire en quoi il doit consister et comment il doit être donné. — Les femmes sont intéressées au bon gouvernement de la chose publique ; leur action sur l'homme et sur l'enfant est grande ; elles doivent connaître tout le mécanisme du gouvernement comme les hommes, puisqu'elles doivent, au besoin, encourager le dévouement du mari et de l'enfant ; l'enseignement doit leur être donné par la leçon de lecture et la leçon d'histoire.

106. — Le *suffrage universel*. — Dire ce qu'il est ; démontrer que qui remplit tous les devoirs doit avoir tous les droits ; indiquer comment les Français sont arrivés à remplir tous les devoirs, et énumérer brièvement les luttes qu'ils ont soutenues pour obtenir la souveraineté dans sa plénitude ; terminer par l'exposition du respect dû au suffrage universel.

107. — L'*impôt*. — Sa nécessité ; les conditions pour qu'il soit équitable ; ce qu'il est ; son emploi ; des moyens de le diminuer.

GÉOGRAPHIE

108. — Un directeur d'école normale écrit à l'un de ses élèves pour lui dire comment il est possible d'enseigner la géographie aux enfants de 6 à 7 ans.

MON CHER AMI,

Vous me demandez s'il est possible, comme le veulent les nouveaux programmes, de donner utilement des notions de géographie aux élèves de la petite division des écoles primaires, qui ne savent encore ni lire ni écrire, et de leur enseigner sur cette matière, par suite du système des cours concordants, les mêmes choses qu'aux élèves de la division la plus avancée.

Assurément, ce n'est pas facile.

On ne saurait y réussir avec des livres, puisque ces enfants ne savent pas les déchiffrer, ni guère avec des cartes, parce qu'à cet âge elles donnent le plus souvent des idées fausses ; encore moins par des exercices de récitation, auxquels l'esprit reste d'ordinaire complètement étranger.

Il y faut la parole ; non pas la parole d'un moniteur, qui n'est souvent qu'un écho peu intelligible ou qu'un initiateur maladroit, mais la parole d'un maître ayant des idées nettes, un but bien déterminé et assez de tact pour sentir ce qu'il peut dire et ce qui ne serait pas compris.

Il y faut aussi et surtout l'art de faire agir l'enfant, parce qu'à cet âge l'action intéresse bien autrement que la parole ; elle est la source la plus féconde comme l'expression la plus naturelle et la plus vive des idées et des sentiments.

Un tel maître se souviendra que, en ces sujets et

pour de tels enfants, plus encore que dans les compositions poétiques, il ne faut prendre que la fleur. Une première année d'école est parfaitement employée sous ce rapport, si elle donne un petit nombre d'idées précises sur l'*orientation*, sur les *termes géographiques*, sur la *commune*, sur le *département*, sur la *France* et sur le *globe*.

Pour l'*orientation*, par exemple, pendant plusieurs beaux jours, on fait remarquer, dans la cour ou par les fenêtres de la classe, de quels côtés se trouve le soleil, le matin, à midi et le soir. Puis, pendant la récréation ou pendant la gymnastique, on exerce les enfants à faire alternativement, dans leurs marches, face au *levant*, face au *couchant*, face au *midi*, face au *nord*.

A défaut d'une butte naturelle sur la *croupe* de laquelle les élèves puissent facilement se ranger, quelques brouettées de terre qu'ils accumuleront avec plaisir et dont leur imagination fera sans peine un mont Blanc, permettront de leur faire découvrir *crêtes, cols, versants, ravins, gorges* et *vallées*.

A défaut d'un *ruisseau* ou d'une fontaine jaillissante, quel plaisir, après une pluie d'orage et quand les eaux s'écoulent encore, de les arrêter par un barrage en terre pour avoir une *mer*, de remonter jusqu'à la *source*, de se mettre à cheval sur le courant, le pied droit sur la *rive droite*, le pied gauche sur la *rive gauche*, d'arriver au *confluent*, puis à l'*embouchure*, de jeter dans la mer une pierre pour former une *île*, et d'apprendre que l'eau de la pluie va à l'*océan*, d'où elle s'élève pour former les nuages que le vent ramène sur nos têtes et qui nous donnent de nouvelles pluies!

L'étude de la *commune* se pourra faire au moyen d'exercices non moins intéressants. Dans la classe ou dans la cour, un groupe d'élèves représente le *chef-lieu;* l'un est la *mairie*, son mouchoir, le *drapeau;* l'autre l'*église*, avec deux règles en croix; un troisième, un livre à la main, représente l'*école;* un quatrième, avec son panier à provisions, est la *place* publique. D'autres, placés dans des directions et à des distances convenables, représentent les *villages* et les *hameaux*, ou les confins de la commune. Un autre jour, c'est un petit maraudeur qu'un garde *champêtre* de son âge traduit devant leur camarade, M. le *maire*, en présence de tout le *conseil municipal*.

Pour le *département*, on signale la direction et la distance du *canton*, de la *sous-préfecture*, de la *préfecture*. Les distances peuvent être évaluées en journées de marche d'un enfant ou d'un soldat.

Pour la *France*, on montre de même, bien loin, bien loin, *Paris* et quatre ou cinq grandes *villes*, les grands *fleuves*, les deux *mers*, les *Alpes* et les *Pyrénées*. Puis on représente dans la cour toutes ces choses par des élèves; on fait des voyages avec un enfant pour locomotive, un autre pour wagon, un troisième pour voyageur, perché sur les épaules du second; et la joie est au comble si, de Paris, le *président de la République*, ayant à ses côtés M. le *ministre*, envoie, par l'intermédiaire de M. l'*Inspecteur d'académie* et de M. l'*Inspecteur primaire*, cinq minutes de congé à tous ces bons petits géographes.

De l'Europe, on pourra se borner à indiquer de quel côté sont les grandes puissances; et des continents on ne dira guère que le nom avec quelque détail caractéristique.

Il sera plus difficile, même avec un globe, de parler de la rondeur de la terre sans donner des idées fausses. Un aimant peut servir à faire entrevoir comment se tiennent les gens qui, pour les élèves, ont la tête en bas; mais il serait prématuré d'insister sur des explications si délicates et de ne pas en réserver le complément pour les élèves plus avancés.

Tels sont, mon cher ami, quelques-uns des moyens que vous pouvez employer avec vos tout jeunes élèves. Il en existe d'autres de même nature, dont vous pouvez vous servir non moins utilement. C'est à vous de les trouver, en vous souvenant toujours que ceux-là seuls sont bons qui donnent aux enfants des notions

exactes et contribuent efficacement à la bonne culture
de leur intelligence,

Recevez, etc.

D'après M. X. R., directeur d'École normale.

SUJETS A TRAITER

109. — Indiquer dans une lettre quels moyens
on se propose d'employer pour *faire servir l'enseignement de la géographie à celui de l'histoire.*

110.—Dire en quoi doit consister *l'enseignement
de la géographie à l'école primaire :* en démontrer
l'utilité et en tracer les limites.

111. — Dire ce qu'on entend par *géographie
physique* et faire connaître *l'importance du tracé des
cartes,* pour que les enfants arrivent à la bien
posséder.

GÉOMÉTRIE

112. — Un instituteur, pourvu seulement du brevet élémentaire, craint de ne pas être en état
d'enseigner la géométrie comme l'exigent les
nouveaux programmes ; il croit que cet enseignement n'est pas nécessaire. — On lui démontre la
nécessité pratique de la géométrie et on
le rassure sur lui-même.

MON CHER COLLÈGUE,

L'article 1er de la loi du 28 mars 1882, qui indique ce
que comprend l'enseignement primaire, dit, dans son

7ᵉ paragraphe, que les éléments des sciences mathéma-tiques seront désormais enseignés dans les écoles pri-maires. Les termes employés par le législateur ne laissent aucun doute sur sa pensée, et il est évident qu'il veut que la *géométrie élémentaire* figure dans nos programmes.

Aucun doute, du reste, ne peut aujourd'hui rester dans notre esprit. L'arrêté du 27 juillet 1882 et les pro-grammes qui y sont annexés nous fixent parfaitement, car ils déterminent, avec une suffisante précision, en quoi devra consister cet enseignement dans chacun des trois cours élémentaire, moyen et supérieur.

Cette décision paraît vous causer quelque inquiétude. Vous ne possédez que le brevet élémentaire et vous craignez de n'être pas en état de donner un enseignement auquel vos études antérieures ne vous ont pas préparé, et dont, en outre, la nécessité ne vous paraît pas démontrée.

Permettez-moi d'abord, mon cher collègue, de m'élever contre l'erreur que vous commettez en dernier lieu; ensuite de vous rassurer en détruisant la défiance que vous avez de vous-même.

Si jamais enseignement fut nécessaire à l'habitant des villes, comme à celui des campagnes, c'est, bien certainement, *l'enseignement de la géométrie*. Sans parler de sa nécessité au point de vue élevé de l'éducation en général, dont je me promets de vous entretenir dans une autre lettre, vous ne pouvez nier de quelle utilité est la Géométrie à chaque instant dans la vie pratique. Savoir mesurer est aussi indispensable que savoir compter, car il n'est pas un homme qui n'ait à toute heure besoin de se rendre compte de l'étendue des corps. Tout se nombre, se compte, se mesure, se pèse, aujourd'hui : le négociant et le laboureur, l'ouvrier et l'ouvrière ne peuvent rester ignorants des moyens de se donner une idée exacte du nombre, de l'étendue et du poids des choses. On ne veut plus de tâtonnements ni d'appréciations par à peu près : la couturière elle-même, cette ouvrière que la mode seule semble guider et qu'on croit inspirée par la fantaisie et le caprice, s'est soumise aux lois de la géométrie, et ses créations les plus élégantes ne doivent leur perfection qu'aux procédés scientifiques qu'elle emploie.

Cette nécessité de plus en plus évidente de l'enseignement de la géométrie a été comprise depuis longtemps par tous les instituteurs français ; et ce fait est si vrai, que vous ne trouverez pas une école primaire où la mesure des surfaces et celle des volumes usuels ne soient enseignées. Tous nos élèves des cours supérieurs savent en effet trouver la superficie d'un *parallélogramme* ou d'un *trapèze*, ainsi que le volume d'une *sphère*, d'un *cylindre* ou d'une *pyramide*. Bien plus, on y joint partout sinon la théorie, du moins la pratique du calcul des densités.

Le législateur, vous le voyez, mon cher collègue, n'a pas fait autre chose que traduire en loi ce qui se passe chaque jour. Cependant il n'est pas douteux que, obéissant au mouvement scientifique qui entraîne tout aujourd'hui, il ne veuille que des notions théoriques soient ajoutées au travail tout pratique auquel on s'est borné jusqu'à ce jour.

Vous ne vous y êtes pas trompé, et c'est ce qui fait aujourd'hui votre embarras, embarras qu'un peu de réflexion fera promptement cesser. Est-il bien vrai, en effet, que votre ignorance en matière de géométrie soit aussi grande que vous le dites ? Est-il vrai que vous soyez aussi incapable que vous le prétendez de faire les quelques démonstrations indispensables ?

Il n'est pas un des termes employés en géométrie élémentaire dont vous ne sachiez la valeur ; il n'est pas une surface, pas un volume, je parle de ceux que vous avez à faire connaître, que vous ne sachiez mesurer ; il n'est pas une règle que vous n'ayez démontrée par le fait, soit en décomposant la surface ou le volume en carrés ou en cubes, soit en les recomposant avec leurs parties constitutives.

Cet enseignement par les choses, si matériel qu'il vous semble, est celui qui a préparé la science. Avant de démontrer scientifiquement les théorèmes, avant même de les formuler, les savants, créateurs de la géométrie, n'ont pas fait autre chose que ce que vous avez fait bien des fois. « Il n'est pas douteux, dit M. Spencer, que la géométrie n'ait son origine dans les méthodes trouvées par les hommes du métier pour mesurer exactement les dimensions d'un bâtiment, la superficie d'un enclos, etc., et que l'on n'ait rassemblé d'abord les vérités géométriques en un corps qu'en vue de leur utilité immédiate. » Sans doute, mon cher collègue, la spéculation pure a beaucoup ajouté à ces vérités premières que la pratique a fait découvrir ; mais il n'en est pas moins vrai que chacun de ceux qui, les premiers, ont formulé et démontré les vérités géométriques élémentaires, ont été dans l'état où vous vous trouvez aujourd'hui. Mais vous avez sur eux un immense avantage : leurs travaux existent et vous pouvez en profiter. Avec vos connaissances pratiques, il ne vous faudra que bien peu de temps pour acquérir les connaissances théoriques nécessaires et suffisantes. En lisant les théorèmes et leurs démonstrations, vous serez tout surpris de voir que vous saviez, en réalité, bien des choses que vous croyiez ignorer.

Mettez-vous à l'œuvre, mon cher collègue, et vous ne tarderez pas à être convaincu que le législateur ne vous a pas imposé une tâche au-dessus de vos forces. Je ne crains pas d'ajouter même que vous le remercierez de vous avoir obligé à une étude qui vous causera d'autant plus de joie qu'elle vous révélera à vous-même, en vous donnant la satisfaction de constater que votre savoir était plus grand que vous ne le supposiez.

Agréez, etc.

SUJETS A TRAITER

113. — Dire dans une lettre à une institutrice en quoi doit consister *l'enseignement de la géomé-*

trie dans les écoles de filles : — Connaissance des lignes et de leurs principales propriétés; des surfaces et des volumes, et de leurs mesures.—Applications principales au dessin d'ornement spécial aux femmes, ainsi qu'à la coupe des vêtements.

114. — *Même lettre* à un instituteur. — (Cette lettre devra surtout différer dans la partie consacrée aux applications.)

115. — Écrire à une institutrice pour lui démontrer que *l'enseignement du système métrique est lié aussi intimement à la géométrie qu'à l'arithmétique.*

116. — Établir que *l'enseignement de la géographie est lié à celui de la géométrie.*

---

117. — Un instituteur répond à l'un de ses jeunes collègues qui l'a consulté sur la nécessité de l'enseignement théorique de la géométrie. Il l'engage à ne pas négliger cet enseignement et il lui en prouve l'utilité.

MON JEUNE AMI,

Vous ne croyez pas, m'écrivez-vous, que l'enseignement de la géométrie doive se borner exclusivement à la pratique, et vous me demandez mon avis à ce sujet. Je m'empresse de vous répondre que je partage absolument votre manière de voir.

Nous ne devons, en aucun cas, nous écarter du plan

fondamental de notre enseignement : éviter la méthode empirique, et la géométrie, science de raisonnement par excellence, échappera, plus que toute autre, à cette méthode.

Certes, quand vous aurez expliqué à vos élèves ce que sont le carré, le cercle, le cube, que vous leur en aurez tracé les figures au tableau ou que vous les leur aurez présentées sous une forme matérielle, ils les reconnaîtront ensuite ; quand vous leur aurez répété mainte et mainte fois qu'on obtient la surface d'un triangle en multipliant la base par la moitié de la hauteur, le volume d'une pyramide en multipliant la surface de la base par le tiers de la hauteur, ils seront capables de trouver la surface ou le volume de tel triangle ou de telle pyramide dont ils auront les données. — Mais cela suffit-il ? Nullement.

Tous les jeudis, par exemple, vous les menez dans la campagne ; vous les habituez à se servir de l'équerre, à diviser en trapèzes et en triangles le terrain aux contours les plus irréguliers ; vous leur faites cuber les pierres de taille des maisons qu'on construit et les talus de la route, de sorte qu'au bout d'un certain temps ils ne sont plus embarrassés pour mesurer la surface ou le volume d'un corps quel qu'il soit.

Le but de notre enseignement est-il atteint ? Nullement encore.

En effet, nous n'avons pas uniquement pour tâche de bourrer l'esprit de nos enfants de connaissances qu'ils appliqueront plus tard sans discernement, il nous faut surtout en faire des hommes aptes à penser et à raisonner sainement. Or j'estime que nous manquerions à notre devoir si nous ne nous servions de la géométrie pour leur former l'esprit à la logique ; pour les habituer à déduire, dans un langage clair, des conséquences rigoureuses de prémisses dont la vérité est reconnue. Il ne suffit donc pas de leur faire connaître les figures, il faut encore leur en expliquer les propriétés. Je suis même d'avis de ne pas reculer devant certains théorèmes

6.

réputés difficiles. Un théorème ne présente de difficultés qu'autant que les théorèmes qui doivent le précéder nécessairement n'ont été compris que d'une façon insuffisante. Remarquons, d'ailleurs, qu'il ne s'agit pas ici de mettre les enfants en état de démontrer eux-mêmes plus tard tout ce que vous auriez pu leur enseigner; il n'est pas nécessaire que longtemps après leur sortie de l'école ils soient capables d'exposer sans erreur la fameuse théorie du carré de l'hypoténuse ou toute autre, — non, mais en tout cas ces exercices sont pour l'esprit de l'enfant une gymnastique très profitable et très salutaire.

La théorie a un autre avantage, et c'est celui-là surtout que je tiens à vous faire remarquer : c'est qu'en expliquant les théorèmes indispensables nous prouvons la règle que nous imposons.

Le maître dicte :

On obtient la surface d'un rectangle en multipliant la base par la hauteur.

L'enfant croit, parce que c'est le maître qui parle. Mais ce que nous voulons, ce n'est pas l'habituer à croire aveuglément, c'est, au contraire, lui donner l'habitude de vérifier et de peser par lui-même.

Supposons que notre rectangle ait une base de 10 mètres et 5 mètres de hauteur. Vous tracez à un mètre de distance de la base une ligne parallèle dans le sens de la largeur. L'enfant conçoit parfaitement que l'espace compris entre les quatre lignes, parallèles deux à deux, représente une bande de terrain de dix mètres carrés. Et comme sur toute la hauteur vous formez cinq bandes semblables, la surface totale, est de 50 mètres carrés, produit de 5 par 10, ce qui confirme la règle avancée.

De même, démontrez-lui clairement que la surface d'un triangle est la moitié de celle d'un rectangle ayant même base et même hauteur; prouvez-lui que le volume de la pyramide est le tiers de celui d'un cube ayant même base et même hauteur : son esprit sera satisfait. De plus vous l'aurez vivement intéressé par votre démonstration. Il sait maintenant d'où vient la règle, et cette règle restera gravée dans sa mémoire bien plus profondément que si vous vous étiez contenté d'une sèche énonciation.·

Voici, mon jeune ami, les motifs qui me font vous engager à joindre un peu de théorie à la pratique dans l'enseignement de la géométrie. Je ne vous entretiendrai pas, bien que le sujet m'y porte, de l'excellence de la théorie en soi ; elle est patente. La vapeur existait avant la théorie de Papin, mais ce n'est que depuis cette théorie que nous avons les chemins de fer. Cependant, je ne terminerai pas cette lettre sans insister encore. Vous avez lu, et je vous ai dit souvent que, si les études doivent commencer par la méthode d'*induction*, elles doivent se terminer par celle de *déduction*, qui permet d'acquérir vite les connaissances et de tirer justement les conséquences de celles qu'on a acquises. Les mathématiques et en particulier la géométrie se prêtent plus que toute autre science aux rigoureuses déductions.

Voici ce que dit à cet égard un grand pédagogue anglais, M. Bain.

« Les mathématiques ont une méthode et un caractère bien marqué et tout particulier. Ce caractère est par excellence déductif ou démonstratif, et nous présente sous une forme très voisine de la perfection tout le mécanisme de cette manière d'arriver à la vérité. Après avoir posé un très petit nombre de premiers principes, ou évidents par eux-mêmes ou très faciles à démontrer, les mathématiques en tirent et en déduisent un nombre énorme de vérités et d'applications par un procédé éminemment exact et systématique. Or, quoique le mécanisme soit surtout fait pour servir dans le domaine de la quantité, cependant, comme dans tous les sujets que discute l'intelligence humaine on a souvent lieu de recourir au procédé déductif ou démonstratif, considéré par opposition à l'appel direct à l'observation, aux faits ou à l'induction, la connaissance des mathématiques est une excellente préparation à l'emploi de ce procédé. La définition rigoureuse de toutes les idées et de tous les termes principaux, l'énonciation explicite de tous les premiers principes, la marche en avant par voie de déductions successives, dont chacune repose sur une base déjà fermement établie ; ni pétition de principes, ni admission de faits sans démonstrations, ni changement imprévu de terrain, ni variation dans le sens des termes : telles sont les conditions que suppose le type parfait d'une science déductive. Il faut que l'élève sente qu'il n'a rien accepté sans une raison claire et démontrée, et qu'il n'a été influencé ni par l'autorité, ni par la tradition, ni par le préjugé, ni par l'intérêt personnel. »

Il résulte évidemment de ces paroles de M. Bain qu'il considère l'enseignement de la théorie des mathématiques bien plus comme un moyen d'éducation de l'esprit que comme un moyen d'instruction. Nous devons en faire autant, mon cher ami, car nous sommes des éducateurs plus encore que des instituteurs.

A vous, etc.

SUJETS A TRAITER

118. — Écrire à un instituteur pour lui indiquer combien *l'enseignement de la géométrie est nécessaire aux enfants qui se destinent à certaines professions;* indiquer une ou deux de ces professions et prouver, par des faits, la vérité de ce qu'on avance.

119. — Démontrer combien *la géométrie est nécessaire au dessin linéaire et industriel.*

DESSIN

120. — Une institutrice a écrit à son ancienne maîtresse pour lui demander son avis sur le but qu'elle devait se proposer en enseignant le dessin. Écrire la réponse.

MA CHÈRE ENFANT,

Vous vous proposez de commencer, dès la rentrée prochaine, à *enseigner le dessin* dans votre école, conformément aux prescriptions de la loi du 28 mars 1882 et au programme qui a été dressé par l'autorité supérieure. En institutrice prudente, à qui l'expérience manque encore, vous me demandez, non pas de vous tracer le programme de votre travail, puisque l'autorité a pourvu à ce besoin, mais de vous indiquer quel but vous devez vous proposer d'atteindre en dispensant le nouvel enseignement.

Vous avez raison, ma chère enfant, de chercher à ne rien laisser au hasard et de vouloir, au contraire, vous assujettir à une règle sévère afin d'être le plus possible utile à vos élèves. Quand on sait où l'on veut, où l'on doit aller ; quand le but où l'on tend apparaît clairement, non seulement on tire un meilleur parti de ce que l'on sait faire, mais encore on devient plus inventif pour trouver des moyens et plus perspicace dans le choix de ceux qu'on doit préférer.

Avant tout, vous devez considérer le dessin comme un moyen général d'éducation et d'instruction. Avant d'arriver à formuler les règles générales de la science, il faut pendant longtemps montrer des choses, présenter des faits. Notre enseignement, si concret que nous sachions le rendre, n'en sera pas moins, quoique nous fassions, un enseignement de mots, et un mot, vous le savez, est une bien grande abstraction. Il est, dit-on, le signe d'une idée ou d'une chose, mais quel signe imparfait ! Il n'aura aucune signification certaine pour l'enfant, il ne rappellera aucune idée à sa conscience, si celui-ci n'a jamais vu l'objet qu'il représente ou tout au moins son image ; et encore, pour que la vue de cette image soit pour lui d'un réel profit, faut-il qu'il croie possible la représentation des choses au moyen de quelques lignes tracées d'une certaine façon. Le dessin nous sert merveilleusement en cette circonstance, si nous l'exécutons devant lui et mieux encore s'il l'exécute lui-même.

Cette précaution de faire dessiner l'enfant porte dans son esprit plus de clartés qu'on ne le suppose. Rappelez-vous, ma chère enfant, vos toutes jeunes années ; représentez-vous, et c'est possible, l'état de votre intelligence à cette époque. On ne dessinait pas encore à l'école. La vue d'une image ne vous disait, comme à moi, pas grand'chose ; le dessin était comme recouvert d'un voile qui en cachait ou, tout au moins, en dissimulait les détails. Il n'est point douteux que si nous eussions été exercées à dessiner, tout nous eût paru plus clair.

Cette nécessité de faire du dessin un moyen d'éducation de premier ordre vous indique quels doivent être les premières choses que vous ferez dessiner ; elle vous trace la méthode à suivre en vous obligeant à donner, pour premiers modèles, *les choses dont vous voudrez parler à vos élèves.* Vous comprenez sans peine que c'est bien moins d'un dessin parfait que d'un simple croquis qu'il s'agit ; croquis suffisant, du reste, car il peut être d'une grande justesse. Vous avez pu voir, et vous voyez chaque jour, dans les journaux illustrés qui viennent jusqu'au fond du plus petit village, avec combien peu de lignes certains dessinateurs font un portrait ressemblant des personnes ou des choses. Efforcez-vous d'imiter cette simplicité d'exécution, et vous serez toute surprise de la facilité avec laquelle vos élèves vous suivront. Les enfants ont le sentiment de l'esquisse, et la plus maladroite ne tarde pas à rendre ce qu'elle voit si l'on a su l'habituer à voir tout d'abord les lignes principales. L'important est qu'elle reconnaisse ce qu'elle a fait et non pas qu'elle ait fait un petit chef-d'œuvre de dessin.

A mesure que l'élève grandira vous vous montrerez plus exigeante, car il vous faudra atteindre le deuxième but que vous avez à poursuivre. Je veux parler du développement du goût et de l'habileté que vous devez donner à la main et à l'œil de l'enfant. On ne peut faire d'esthétique (pardonnez-moi ce mot) à l'école primaire ; mais il n'en faut pas moins que nos petites Françaises aient en elles le sentiment du beau profondément développé. Elles sont les premières ménagères et les plus habiles ouvrières du monde. Il importe qu'elles conservent cette suprématie qu'on leur envie à l'étranger, où rien n'est négligé pour les surpasser. Le dessin développera leurs qualités naturelles, et elles resteront sans rivales, si leurs études à l'école ne sont pas inférieures à celles des Allemandes, des Suissesses ou des Anglaises.

Cette dernière nécessité, que vous comprenez aussi bien que moi, vous indique aussi quelles devront être et la matière de votre travail et la méthode que vous devrez suivre. Indépendamment des procédés recommandés par tous les artistes et de la perfection que vous chercherez à obtenir — procédés qui rendront vos fillettes habiles, et perfection qui réglera leur goût — vous devrez choisir des modèles particulièrement appropriés au rôle que la femme est appelée à remplir, comme ménagère ou comme ouvrière.

Enfin, à des avantages d'ordre général, le dessin peut, dans certains cas, en joindre un autre très important. Toutes vos élèves, quels que soient votre zèle et votre habileté, ne deviendront certainement pas des artistes; mais toutes pourront tirer parti de leur adresse acquise pour le plus grand bien du métier qu'elles auront choisi, de même que quelques-unes, mieux douées et plus longtemps exercées, pourront devenir de bons dessinateurs. C'est aujourd'hui une profession lucrative à Paris et dans les grands centres industriels. On a besoin de dessinateurs sur porcelaine, pour étoffes, pour broderies, pour robes, etc., et on les paye cher. C'est une profession qui convient aux femmes, qu'elles peuvent exercer chez elles sans manquer en rien à leurs devoirs supérieurs d'épouses et de mères, et vers laquelle il est sage de pousser celles dont les dispositions sont sérieuses.

Ne perdez pas de vue ce triple but, ma chère enfant. Si vous l'avez toujours présent à l'esprit à l'heure de la préparation, comme à l'heure de la leçon, vos efforts porteront des fruits, soyez-en sûre. Cette idée que vous contribuez efficacement à l'élévation de la conscience de vos élèves en même temps que vous travaillez à assurer leur bien-être et par suite leur moralité dans l'avenir, vous soutiendra aux heures de lassitude et de découragement, car rien ne réconforte comme la conviction qu'on est dans le vrai et qu'on contribue au bonheur d'autrui.

Agréez, etc.

SUJETS A TRAITER

121. — *Même lettre adressée à un instituteur.*— On modifiera le travail en raison de la différence à faire entre le travail des filles et celui des garçons.

122. — Prouver que *le dessin a précédé l'écriture et qu'il y a avantage à faire dessiner les enfants avant de les faire écrire.*

———

123. — Un instituteur écrit à l'un de ses collègues pour lui exposer sa manière de comprendre l'enseignement des sciences physiques et naturelles dans les divers cours de l'école primaire.

MON CHER AMI,

Désormais l'étude des *sciences physiques et naturelles* doit être commencée à l'école primaire. Il faut, car la loi l'exige, que les enfants de douze ans prouvent, au certificat d'études, qu'ils ne sont pas étrangers aux êtres qui les entourent et qu'ils comprennent les phénomènes naturels qu'ils constatent à chaque instant. Jusqu'à présent, et à tout propos, nous avions fait notre possible pour les initier aux choses de la nature; mais nous n'avions point fait d'enseignement scientifique, régulier et méthodique. A l'avenir, il n'en sera plus ainsi, et nous serons forcés d'être professeurs de physique, de chimie et d'histoire naturelle.

Dès le début, nous serons certainement embarrassés, car nous n'aurons d'autre guide que le programme, qui peut nous paraître vague et incomplet. Le champ est si vaste, en effet, que nous pouvons nous égarer si nous n'adoptons pas tout d'abord une règle de conduite pour la suivre rigoureusement, et si nous ne savons pas nous tenir dans des limites parfaitement déterminées. Si nous allons au hasard, nous ne produirons rien ; si, d'autre part, nous embrassons trop de choses, nous ne donnerons à nos élèves que des connaissances peu précises ; et, au lieu d'avoir fait la clarté dans leur esprit, nous n'y aurons mis que de la confusion. C'est ce que vous me dites fort bien dans la lettre que vous m'écrivez à ce sujet, et dans laquelle vous m'exposez vos craintes pour l'avenir. Voyons ensemble, si vous le voulez bien, quels principes généraux nous guideront et dans quelles limites nous devrons nous tenir pour être véritablement utiles.

L'homme, à la vérité, aurait besoin de tout savoir ; mais ses forces sont si restreintes et sa vie est si brève qu'il ne peut savoir qu'un peu de toutes choses. Si nous voulions tout dire aux enfants, nous serions téméraires. A quoi devrons-nous donc nous arrêter ? Il suffit de rentrer un peu en soi pour voir que, dans chacune des sciences humaines, il est des choses qui sont si généralement utiles qu'on ne saurait trop faire pour apprendre aux hommes ce qu'ils en doivent indispensablement savoir. D'autres, au contraire, ne sont utiles qu'à un certain nombre, selon la vie qu'ils devront mener, la profession qu'ils devront exercer, le milieu où devra s'écouler leur existence.

« Connaître l'homme au point de vue physique, c'est-à-dire ses organes et leurs principales fonctions, ainsi que les conditions où il lui faut se maintenir pour que ces fonctions s'accomplissent utilement pour lui ; connaître les principales lois physiques auxquelles il est soumis, ainsi que les êtres vivants ou purement matériels dont il fait usage ; avoir une idée d'ensemble de l'univers ; savoir comment tout y est réglé : telles sont en gros les connaissances générales que chacun de nous a besoin d'acquérir.

« Connaître par le détail tout ce qui nous entoure, connaître la matière que nous mettrons nous-mêmes en œuvre, les animaux qui nous aident pour notre vie et notre travail, les lois physiques auxquelles tous nos actes sont soumis : voilà ce qu'il nous faut apprendre pour l'appliquer particulièrement au temps et au lieu où nous vivons, au métier qui sera notre gagne-pain, à la fonction que nous remplirons. »

Ces principes posés, il est facile de voir qu'ils sont d'accord avec le programme qui nous a été donné et que nous pouvons le suivre sans crainte, puisque les limites qu'il trace sont indiquées par la nature des choses.

Quelle méthode suivrons-nous alors dans les divers cours de notre école ? Adopterons-nous pour chacun d'eux un petit traité bien court, sorte de catéchisme scientifique où les matières de l'enseignement seront rangées dans un ordre didactique et où les lois seront énoncées brièvement et sèchement ? Gardons-nous d'un tel procédé avec nos enfants de six à dix ans. Pour eux, les sciences physiques et naturelles n'ont point de commencement, et ce qu'on a l'habitude de mettre en tête des livres de physique, de chimie et d'histoire naturelle n'est point ce qui les frappe. Pour cet âge, essayer de systématiser l'enseignement scientifique serait un véritable danger. Notre rôle doit se borner à aider l'intuition. Il nous faut profiter de tout pour attirer l'attention des élèves sur les phénomènes, sur les choses et sur les animaux. Peu à peu nous leur apprendrons ainsi le langage scientifique et la connaissance des faits. Nous leur donnerons l'habitude de l'observation et nous éveillerons en eux le vif désir de voir et de savoir, qui les préparera aux généralités qu'ils devront retenir plus tard.

Ce n'est que dans le cours moyen et dans le cours supérieur que nous leur donnerons un livre. Ils pourront alors le lire avec profit, car ils ne seront étrangers ni à la langue dans laquelle il est écrit, ni aux choses qu'il contient. L'ordre dans lequel les matières sont rangées selon les lois de la déduction la plus rigoureuse ne les surprendra plus. Bien mieux, la vue de cet enchaînement, qu'ils avaient peut-être soupçonné, sera pour eux une joie véritable. Plus l'homme grandit, plus il a soif d'ordre; et c'est avec un véritable ravissement que les enfants découvriront combien tout est admirablement réglé dans la nature, et combien sont uniformes les lois de la vie pour tous les êtres vivants, si dissemblables qu'ils soient en apparence.

J'insiste sur ce dernier point, mon cher ami, parce que, à mon avis, la science serait bien vaine si elle consistait dans l'étude des faits et des choses, pris un à un, et une à une, et si elle n'avait pas pour but d'habituer la conscience humaine à contempler la beauté et la grandeur de l'ensemble, ainsi que la simplicité admirable des lois qui régissent tout.

C'est quand nous aurons donné à nos élèves ces connaissances particulières et générales que nous pourrons aborder avec profit l'étude des sciences dans ce qu'elles peuvent avoir de plus spécial pour chacun d'eux. C'est dans notre cours supérieur et dans notre cours complémentaire que nous devrons leur en montrer les applications aux professions qu'ils pourront choisir, ou aux industries de leur localité. Nous n'aurons pas attendu trop tard, croyez-le. Il faut beaucoup de perspicacité pour voir exactement comment on tire un utile parti d'une force naturelle, et la perspicacité est peut-être la faculté qui a le plus besoin de culture ; elle est le résultat d'une raison exercée et d'un jugement sûr qui, vous le savez, ne peuvent se rencontrer chez de tout jeunes enfants.

A vous.

SUJETS A TRAITER

124. — *Même lettre à une institutrice.* — Insister sur la partie des sciences se rapportant à l'*hygiène de la famille.*

125. — Dire *comment l'enseignement scientifique sera donné dans le cours élémentaire.*

126. — Écrire une *leçon sur l'air*, destinée au cours moyen.

127. — Faire la *même leçon* pour le cours supérieur.

128. — Une directrice d'école normale écrit à l'une de ses élèves pour l'engager à donner tous ses soins aux **travaux de couture** ; pour lui dire quels sont, parmi ces travaux, ceux auxquels elle doit le plus s'attacher et comment elle distribuera les trois heures qu'elle est tenue d'y consacrer chaque semaine.

MA CHÈRE ENFANT,

Vous allez prendre la direction d'une école, et je vous connais assez pour savoir que vous apporterez toute votre intelligence et toute votre activité à l'accomplissement de votre tâche. Cependant je me permettrai d'attirer votre attention particulière sur *l'enseignement de la couture*. Trop souvent les jeunes maîtresses ont une sorte de dédain pour cet enseignement et le regardent comme un accessoire ennuyeux. Je conviens que la vie qu'elles ont menée jusque-là et les études auxquelles elles se sont livrées les ont un peu détournées de ce genre de travail. Elles sont portées à le considérer comme inférieur et à lui préférer les matières du programme qui s'adressent plus spécialement à l'intelligence et au cœur des enfants. Elles ont tort, ma chère enfant ; rien de ce qui peut contribuer à faire d'une jeune fille une femme propre à remplir tous les devoirs d'une mère de famille, ne peut être considéré comme inférieur, et je n'ai pas besoin d'insister pour vous faire comprendre combien il importe qu'une ménagère soit habile dans tous les travaux qui incombent aux femmes.

La moitié de l'existence d'une mère de famille, vous avez pu le voir chez vous, est remplie par des occupations qui nécessitent l'emploi de l'aiguille. Il lui faut à chaque instant coudre, tricoter, repriser, remmailler, rapiécer. La journée, bien souvent, n'y suffit pas, et vous savez que votre mère était obligée d'y consacrer de longues veillées. C'est que, en dehors des vêtements neufs de votre père et de vos frères, qu'elle ne confectionnait pas, elle faisait les siens et les vôtres, ainsi que le linge de corps et le linge de table nécessaires à toute la famille. Tout était tenu par elle en bon état et son ennui eût été grand si quelqu'un des siens eût été obligé de sortir le matin avec des vêtements malpropres ou non réparés.

Comme vous l'avez vu, ce n'est pas une petite chose que ce travail de confection et d'entretien. Il demande une vigilance de tous les instants et une extraordinaire habileté pour que chaque chose soit faite en son temps. Mais l'habileté ne s'acquiert pas dans un jour, elle est le résultat d'un long et patient exercice, et cet exercice ne saurait commencer trop tôt. Les mères de famille le comprennent bien; aussi est-ce de bonne heure qu'elles associent leurs jeunes filles à leurs travaux. Cependant, aujourd'hui, moins qu'autrefois, elles ne peuvent seules suffire à cette éducation de leurs enfants. L'école obligatoire, l'étude des leçons, les devoirs à faire le soir, prennent presque tout le temps de celles-ci et empêchent la mère de les occuper autant qu'il le faudrait.

L'autorité, toujours soucieuse de tout ce qui intéresse les familles, s'est émue de cet état de choses; elle a décidé, avec raison, que cette éducation que la mère de famille ne pouvait plus donner entièrement, serait désormais donnée à l'école, et elle veut que l'institutrice y consacre au moins deux ou trois heures par semaine. L'autorité a raison, et vous avez pour devoir de vous soumettre à ses exigences; mais, je vous en prie, faites que cette soumission soit toute volontaire et livrez-vous à ce travail de tout votre cœur. Quand on travaille par contrainte le résultat est bien souvent mauvais, et il faut à tout prix, en pareille matière, que le résultat soit bon.

Les programmes qui ont été publiés à la suite de l'arrêté du 27 juillet 1882 déterminent d'une manière précise quels sont les travaux de tricot et de couture qu'on devra faire à l'école. Ces programmes, dont vous devrez vous inspirer toujours, sont très bien faits et paraissent être le fruit d'une parfaite expérience des choses du ménage ; mais, tout en vous conseillant de n'en négliger aucun, permettez-moi d'attirer votre attention sur la confection des ouvrages simples et faciles et sur les notions de coupe des vêtements ordinaires. C'est là, plus qu'ailleurs, que vous pouvez être utile, et quelques réflexions suffiront pour vous en convaincre.

Que ce soit un bien ou un mal, on ne tricote guère aujourd'hui. Les machines sont là pour épargner aux femmes ce travail si considérable. On ne fait plus chez soi que des travaux de crochet. En outre, vos fillettes n'apporteront que bien rarement à l'école des travaux de raccommodage. Les mères de famille françaises, et il faut les en louer, n'aiment pas à montrer leurs petites misères intérieures ; elles sont retenues en cela par la plus louable fierté. Combien, au contraire, elles sont heureuses de montrer à chacun les serviettes ourlées et marquées par leurs filles ; le sarreau que celles-ci ont su faire elles-mêmes ; la chemise de flanelle qu'elles ont taillée et cousue pour leur père, le joli corsage qu'elles ont su tailler, assembler et coudre !

Maintenant que je vous ai dit, ma chère enfant, en quoi doit consister particulièrement votre travail, permettez-moi d'ajouter quelques mots relatifs aux heures qui ont été départies aux travaux de couture, dans la distribution du temps et du travail.

Trois heures par semaine, dit le règlement, doivent être consacrées aux exercices manuels. Distribuerez-vous ces trois heures en demi-heures, ou en heures, comme on le fait dans beaucoup d'écoles, ou bien, les placerez-vous dans une après-midi de l'un des jours de classe, comme on le fait aussi très souvent ? Mon avis est qu'il vous faut choisir ce dernier procédé. On fait mal un travail que l'on prend et reprend à chaque instant, et il est rare qu'il ait bonne apparence, en pareil cas. On fait trop peu de travail en une demi-heure ou en une heure pour pouvoir terminer quoi que ce soit, et il faut à tout prix que les travaux de vos élèves ne nécessitent pas trop de séances pour qu'ils aient bon aspect, et pour qu'elles aient plaisir à les montrer. Il faut peu de chose pour détourner les enfants de cet âge de leur travail, et elles ne manqueraient pas d'avoir du dégoût pour une œuvre qu'elles ne pourraient faire voir sans rougir.

Telles sont, ma chère enfant, les quelques observations que j'ai cru devoir vous faire. Je suis convaincue que vous voudrez bien m'en savoir gré, car elles m'ont été dictées par l'intérêt que je vous porte, et par le vif désir de voir réussir une de mes élèves.

Agréez, etc.

SUJETS A TRAITER

129. — Une institutrice, envoyée dans une commune rurale, y a organisé *les travaux de couture*. Elle rend compte des difficultés qu'elle a rencontrées et des moyens qu'elle a employés pour réussir. Avoir soin, dans ce travail, de ne citer que des difficultés qui peuvent se rencontrer partout, et de n'indiquer que des moyens qui soient à la portée de toutes les institutrices, quel que soit le milieu où on peut les placer.

130. — Même lettre écrite par un instituteur qui a organisé *les travaux manuels pour les garçons.*

DISCIPLINE ET DIVERS

131. — **Un instituteur engage un de ses anciens élèves à se servir des punitions et des récompenses.** — **Il démontre l'utilité des unes et des autres en s'appuyant sur ce fait constaté que nul homme n'agit sans crainte ni sans espoir.**

Mon cher ami,

En m'annonçant votre nomination d'instituteur public, vous m'exposez le plan de conduite que vous êtes dans l'intention d'adopter pour la direction de votre école, et vous me demandez mon avis sur chacun des points qu'il renferme. Pour aujourd'hui je ne vous répondrai que sur un seul ; encore sera-ce pour vous engager à changer de résolution.

Vous vous proposez, dites-vous, de ne jamais ni récompenser ni punir vos élèves, et vous espérez être assez heureux pour obtenir d'eux qu'ils soient ordonnés, disciplinés et laborieux sans autre stimulant que l'amour du bien, la satisfaction du devoir accompli, sans autre préservatif que la honte d'avoir mal fait et la crainte de vous avoir déplu. L'espoir d'une récompense et la crainte d'un châtiment sont, dites-vous, des mobiles inférieurs. Vous allez plus loin et vous ajoutez que la récompense excite la vanité de celui qui la reçoit, et que la punition avilit celui qui en est l'objet. Vous faites un tableau navrant des mauvais sentiments que ces deux moyens d'éducation développent dans le cœur des enfants. A vous entendre, on croirait que les mauvaises rivalités, les jalousies, les révoltes contre l'autorité du maître, les soupçons contre sa justice, les doutes à l'endroit de son affection n'ont pas d'autres causes.

Bien que je vienne combattre votre résolution, ne croyez pas toutefois qu'elle m'étonne. Vous êtes jeune, plein de générosité et, à votre âge, on conçoit facilement l'absolu dans le bien. On sait encore peu la vie ; on ne connaît pas les hommes, on ne se connaît pas soi-même ; encore moins connaît-on les enfants. On a la science des livres, on n'a pas encore celle des choses ; on rêve une perfection morale qu'il semble aussi facile de réaliser qu'il est facile de comprendre et de réciter les formules de la morale écrite. Nous tous, les vieux maîtres, avons passé par là, tous nous avons eu votre âge et en avons partagé les généreuses illusions ; mais l'expérience est venue, et parfois bien amère, nous avons vu les choses dans leur réalité : nous avons vu l'homme tel qu'il est, les enfants tels qu'ils sont, et nous avons reconnu que la vraie sagesse ne consiste pas à chercher une irréalisable perfection, mais bien à tirer le meilleur parti des êtres imparfaits que nous avons mission de conduire.

Les hommes, a-t-on écrit souvent, sont de grands enfants, et les enfants sont de petits hommes. C'est qu'en effet on retrouve toujours, même chez les vieillards, plus d'une des ardeurs irréfléchies de l'enfance, de même que l'observateur attentif sait voir dans l'enfant le germe des ambitions calculées de l'homme. Tout ce qui peut retenir ou faire agir l'homme, soit en bien, soit en mal, existe dans l'enfant. Ne pas le voir, c'est être volontairement aveugle ; ne pas en tirer parti, c'est être imprévoyant, pour ne pas dire insensé. Ce n'est pas en niant les appétits bons ou mauvais de l'homme qu'on peut lui être utile ; c'est en les dirigeant vers le bien qu'un instituteur remplit sa tâche.

Regardez les hommes, regardez-vous vous-même, mon cher ami, et vous verrez si un seul d'entre nous agit sans espoir ou sans crainte. Sans doute vous en trouverez d'insensibles à la fortune, à la gloire, à l'affection que doit inspirer le dévouement, à l'estime qu'obtient l'homme de bien, mais vous n'en trouverez point qui n'attendent une récompense quelconque, morale ou matérielle, de leur travail ou de leur vertu, comme vous en chercherez vainement qui n'aient été bien des fois retenus par la crainte de voir leurs fautes punies dans le présent ou dans l'avenir. Cet état moral de l'homme est si évident, qu'il n'est pas une société, quelque rudimentaire que soit son organisation, qui n'ait son système de récompenses et son code de lois pénales.

L'école n'est pas autre chose qu'une petite société, et les nécessités y sont les mêmes que dans la grande. Bien plus, mon cher ami, chez l'enfant, dont les sensations sont plus vives, dont les impressions sont peu dissimulées, l'espoir d'une récompense méritée et la crainte d'un juste châtiment peuvent avoir les plus heureux effets. Plus que l'homme il a le sentiment de la justice, que la vie n'a pas altéré. Il compte que vous la lui ferez bonne; l'espoir et la crainte sont en lui, car, si ces sentiments ne sont pas innés, au moins la vie réelle les inspire-t-elle dès la plus tendre enfance. Ce n'est donc pas, croyez-moi, à n'avoir pas besoin de récompenser ni de punir que vous devez vous appliquer, mais bien à le faire justement et à propos. Soyez juste; proportionnez la récompense à l'effort moral et intellectuel et le châtiment à la faute. Soyez surtout vigilant et ne les appliquez jamais sans tenir compte du tempérament et du caractère de l'enfant, sans calculer à l'avance l'effet qu'ils produiront sur celui qui en est l'objet et sur le milieu qui l'entoure. Vous verrez bientôt vos craintes disparaître, car les mauvais effets que vous attribuerez aux récompenses et aux punitions ne sont pas le résultat de leur juste dispensation, mais bien celui d'une mauvaise culture des sentiments de l'enfant.

Je ne sais pas, mon cher ami, si je vous aurai convaincu; mais je le désire. Dans tous les cas, vous le serez plus tard. Je vous attends à l'expérience; vous ne tarderez pas à vous apercevoir que l'absolu n'est pas de ce monde et que quiconque travaille à la perfection de l'humanité doit compter, avant tout, avec les sentiments de l'homme, qu'ils soient naturels ou acquis.

A vous, etc.

SUJET A TRAITER

132. — Un instituteur écrit à un de ses collègues pour lui *exposer le système de punitions et de récompenses qu'il a choisi.* — 1° Établir en peu de de mots la nécessité de punir et de récompenser; — 2° Exposer le système; — 3° Démontrer que ce système est conforme à la nature et qu'il sert l'éducation physique, intellectuelle et morale de l'enfant sans lui nuire en aucune façon.

---

133. — Écrire à un collègue une lettre dans laquelle on lui expose ce que l'on doit entendre par l'émulation dans les écoles.

MON CHER COLLÈGUE,

Je vous adresse les quelques réflexions que je vous ai promises au sujet de *l'émulation dans nos écoles.* La question est beaucoup plus difficile à résoudre qu'elle ne le semble au premier abord, et c'est peut-être pour n'avoir pas assez nettement défini la chose que les éducateurs ne s'entendent pas à ce sujet. Pour nous, avant de discuter sur l'émulation, nous allons convenir de ce qu'il faut entendre par ce mot.

Nous ne rappellerons pas ce qui en a été dit par les différents éducateurs ; il suffira que nous en ayons une idée claire et conforme à la réalité. Pour moi, c'est le sentiment qui porte l'homme, ainsi que l'enfant, à égaler ou à surpasser ses semblables dans la pratique du bien.

Je crois que c'est bien cela, que c'est l'idée qu'il faut se faire de l'émulation. Ce sentiment existe dans le cœur de l'homme. Pour nous en convaincre, il suffit de faire appel à nos souvenirs. Il n'est point possible que vous ne vous rappeliez l'avoir éprouvé ; et tous nos collègues, s'ils étaient consultés, nous feraient sans doute le même aveu. Parmi les divers sentiments qui constituent ce qu'en morale nous appelons le *cœur*, l'émulation a une place distincte et bien à elle.

Elle n'est ni l'envie ni l'amour-propre, quoique souvent on l'ait confondue avec l'une ou l'autre. Quand nous cherchons à mériter et à obtenir une place ou un poste d'honneur, nous obéissons réellement à un sentiment d'un ordre particulier. Je vais tâcher de vous le faire comprendre par un exemple. Lorsque, sur un champ de bataille, une compagnie a été choisie pour une mission dangereuse, beaucoup de vieux soldats souffrent de ne pas prendre leur part du péril. Cette troupe marche à la mort peut-être, et pourtant il est presque sans exemple qu'il ne se soit trouvé personne pour demander d'y être adjoint comme volontaire. Est-ce l'envie qui anime celui ou ceux qui réclament ? Personne n'oserait le prétendre. Et pourtant ce n'est pas non plus l'amour-propre.

L'émulation est si naturelle chez les enfants qu'ils rivalisent même en des exercices qu'ils feraient mieux d'éviter et qu'il est de notre devoir de leur interdire. Si l'un deux se distingue par ses espiègleries, il trouve toujours des émules pour lui disputer cette supériorité. C'est que l'idée du bien est encore confuse dans ces jeunes esprits. Mais comme elle ne va point sans l'idée de la récompense, ou du moins de l'approbation, ils ont voulu se mettre au niveau de leurs camarades qu'on applaudissait parce qu'ils faisaient rire. La conclusion à tirer de cet exemple, c'est que l'émulation, quand elle n'est pas suffisamment éclairée, peut se tromper de but.

Cette erreur d'application n'est pas le plus grand des dangers qu'elle offre. Le principal c'est qu'elle dégénère en envie, et vous savez, mon cher collègue, que l'envie est le plus grand des vices, puisqu'il a pour résultat de faire souffrir l'envieux autant et plus même que sa victime.

L'instituteur ne peut prendre trop de précautions pour que l'enfant envisage sans souffrance le succès de ses camarades; il faut qu'il veille bien à ce que les paroles d'encouragement par lesquelles il stimule l'ardeur de ceux qui sont en retard ne leur inspire aucun sentiment mauvais. L'enfant doit être excité à faire aussi bien que ses rivaux sans que rien ne le pousse à concevoir contre eux de la haine ou de l'aigreur.

Il faut avouer que ce rôle est difficile et que cette partie de l'éducation est bien délicate. Mais difficulté n'est pas impossibilité, et les résultats que donne l'émulation, quand elle est habilement dirigée, sont si précieux, qu'aucune peine ne doit être ménagée pour la faire naître. Quel plus beau spectacle que celui d'une école où elle règne ! On ne la voit pas, mais on en constate les effets dans tous les exercices. S'agit-il d'une composition écrite ? aucun bruit dans l'air, si ce n'est celui des plumes courant sur le papier ou des pages qu'on feuillette. Chaque élève est à sa place, dans l'attitude calme et réfléchie du travail. Il cherche à bien faire, mais sans préoccupation ni inquiétude, car le désir de remporter la palme n'a point étouffé en lui le sentiment de la justice. Il sait que, s'il a des qualités, ses camarades n'en manquent pas non plus, et il ne souhaite que les récompenses qu'il aura méritées, que les distinctions auxquelles il aura droit.

Ai-je besoin, mon cher collègue, de vous faire ressortir que ces dispositions morales permettent à l'enfant

de jouir de toute sa liberté d'esprit et de mettre en
œuvre toutes les ressources de son intelligence? Vous en
aurez la preuve en examinant ses devoirs. Les réponses
qu'il fera à vos questions auront aussi cette franchise que
donne la conscience du devoir accompli.

Vous voyez quel précieux auxiliaire l'émulation peut
être pour vous. Il vous appartient de la développer
dans le cœur des enfants par une prudente distribution
de la louange ou du blâme. Point d'éloge qui inspire
de l'orgueil à celui qui en est l'objet, ou qui lui fasse
regarder ses condisciples comme inférieurs à lui-même;
point d'éloge non plus qui blesse les concurrents malheureux. Il faut garder la même mesure dans le blâme :
il importe de ne point désespérer l'enfant qui le subit
par des paroles trop dures. Il faut qu'une sympathie
réelle adoucisse l'amertume du reproche.

Je ne vous en dirai pas davantage, mon cher collègue ;
le tact qui vous distingue suppléera de lui-même à l'insuffisance de mes conseils. Et en effet, savoir entretenir une
juste émulation parmi les enfants, c'est avant tout une
œuvre de tact; le maître privé de cette qualité n'y par-
viendra jamais. L'émulation est comme ces instruments
délicats et dangereux à manier que l'on ne met qu'entre
les mains des plus habiles ouvriers. Ils sont d'un
emploi difficile; mais c'est avec eux qu'on fait le travail
le plus délicat

Agréez, etc.

SUJETS A TRAITER

134. — Montrer par un exemple *quel mal peut
produire l'envie;* prouver ensuite par une discussion, que l'envieux souffre à la fois du bien qui
arrive aux autres et du mal qu'il se fait à lui-
même.

135. — Montrer les *avantages que l'homme bien-*

veillant retire de son heureuse disposition d'esprit dans les différentes conditions où il peut être placé (supérieur ou subordonné).

---

136. — Dire que l'enseignement de la morale doit découler de l'enseignement en général et des exemples.

MON CHER COLLÈGUE,

J'ai beaucoup réfléchi, depuis l'entretien que nous avons eu, sur la manière de donner l'enseignement de la morale dans nos écoles primaires. Ce sujet ne m'est, pour ainsi dire, pas sorti de l'esprit. Il est si intéressant pour nous, si important pour nos élèves et pour l'avenir de notre cher pays, que je n'ai point eu de cesse que je ne me fusse fait une opinion raisonnée sur la façon dont il convient que nous apprenions la morale à nos enfants. Je me suis arrêté à quelques idées précises, dont je vais vous faire part, puisque votre jeunesse ardente et dévouée a bien voulu faire appel à ma vieille expérience.

Il serait inutile de reproduire ici la définition de la morale. L'enseignement de l'école normale est encore tout frais empreint dans votre mémoire, et ce n'est pas de théorie que vous avez besoin en cette matière. D'ailleurs, la bibliothèque est là pour compléter les notions que vous avez sur le bien et le mal, sur la façon dont ils sont répandus dans le monde, et aussi sur la puissance de la volonté humaine à leur égard. On écrit beaucoup, depuis quelque temps, sur la pédagogie et la morale ; lisez le plus que vous pourrez de ces nouveaux traités ; lisez-les tous, si vous le pouvez. Votre jugement deviendra de plus en plus net et sûr, et vous acquerrez en même temps une science étendue et solide.

Et quand vous aurez acquis cette science, mon cher collègue, il en faudra garder pour vous toute la partie théorique. La morale ne peut être enseignée par les procédés qui servent au maître à répandre les autres connaissances, et ce n'est pas dans nos écoles qu'il convient d'exposer une savante théorie du bien et du mal, car les hautes spéculations sont réservées aux hommes d'une raison éclairée et solide. La pratique même de la morale ne sera pas avec fruit conseillée aux enfants sous forme de leçon ou de devoir. L'appareil de la démonstration ne saurait convenir, en un tel sujet, pour des esprits aussi légers, aussi avides de mouvement et de joie que ceux auxquels s'adressent nos leçons. Les hommes mûrs eux-mêmes n'aiment point qu'on leur rappelle leurs devoirs dans une forme solennelle. Dans ce cas, en effet, ou ils s'ennuient, ou ils s'endorment.

Vous ne prêcherez donc point. Tous ceux qui ont l'expérience de l'enseignement ont remarqué que, aux premières paroles du maître présageant une leçon de morale, des signes incontestables d'ennui d'abord, et aussitôt après de distraction, se présentent sur la figure de l'élève. Est-ce donc la morale elle-même qui est chagrine et qui répugne au caractère de l'enfant ? S'il en était ainsi, combien ne faudrait-il pas plaindre les hommes ! mais rassurez-vous ; ce qui est ennuyeux et attristant, ce n'est que la façon dont s'y prennent la plupart des maîtres pour donner un enseignement aussi beau, aussi intéressant que celui qui nous occupe.

La nature, prévoyante et bonne, a déposé dans le cœur de l'enfant le principe des vertus. Cette semence ne cherche qu'à germer et n'attend que des occasions favorables pour éclore et porter des fruits.

C'est à la chaleur de votre enseignement et à vos soins intelligents de produire cette bonne œuvre. Tout dans votre profession doit tendre à l'accomplir, c'est le

but suprême où tous vos efforts doivent converger.
Cependant il ne faudra point de leçon particulière de
morale; à aucune heure de la journée, la cloche ne
devra sonner pour la morale, comme elle sonne pour
la lecture ou pour le calcul.

Mais il faut que de l'ensemble de votre enseignement
se dégage un parfum de moralité qui pénètre les
cœurs. Aucun des exercices de la classe ni des jeux de
la récréation ne devra être stérile. Il n'est pas jusqu'au modèle d'écriture qui ne doive porter des fruits.
Au lieu de ces mots sans suite ou de ces phrases
banales que certains instituteurs donnent à copier,
choisissez quelque maxime claire et honnête, qui
soit à la portée de l'enfant. Un fait simple, raconté
en quelques mots, pourra servir au même usage,
s'il en ressort une leçon évidente. Vous écrirez
l'exemple au tableau noir, de votre plus belle écriture;
et s'il n'est reproduit qu'imparfaitement sur le papier
par la main inhabile de l'élève, il se gravera sûrement
dans sa fraîche mémoire, d'où il passera dans sa
conscience.

Le livre de lecture, mon cher collègue, peut aussi
vous être d'un grand secours pour l'enseignement de la
morale. Il vous appartient de le choisir propre à
atteindre ce but. Le livre est un maître muet, qui ne
parle qu'au gré de l'enfant; mais c'est toujours un
maître. Il faut donc, lui aussi, qu'il ait les qualités dont
nous parlions tout à l'heure, et qu'il s'abstienne de
prêcher. Je crois qu'un livre où l'enseignement moral
est exposé trop régulièrement ne vaut rien. La forme
du dialogue elle-même, si attrayante pourtant, ne peut
le sauver, si la doctrine s'y montre à nu ou seulement,
s'y fait trop sentir. Je vous conseillerais plutôt un
recueil de récits, de descriptions, de contes et de dia-
logues où la leçon morale, se cachant derrière le fait,
ne laisserait jamais d'être découverte par l'enfant. Vous
le guideriez d'ailleurs, et vos explications courtes, mais
vives et saisissantes, préciseraient ce qu'il doit retenir.

Mais ce qui vous servira le mieux dans cette tâche, c'est l'étude de l'histoire. Là vous trouverez en abondance de beaux modèles qui séduiront le cœur et enchanteront l'imagination des enfants. Les exemples des vices et des crimes entraînant la ruine des peuples, comme celle des particuliers, se présenteront aussi en une foule trop nombreuse devant leur conscience indignée. Ils ne verront pas toujours, dans cette étude, la récompense adoucir les peines et charmer les jours de l'homme de bien, qui lutte pour le bonheur de l'humanité, ni le châtiment réprimer l'audace de l'homme injuste, qui veut jouir aux dépens de ses concitoyens. Mais il nous appartient de leur montrer, toujours le plus brièvement et le plus simplement possible, que le malhonnête homme est encore plus à plaindre dans le succès que l'homme de bien opprimé ou méconnu.

Les mathématiques elles-mêmes peuvent vous être utiles pour cette démonstration morale : le lien étroit et rigoureux qui rattache les unes aux autres les vérités scientifiques peut leur être présenté comme une image du monde moral où le bien et le mal ont d'inévitables conséquences, alors même que ces conséquences ne frappent pas immédiatement les yeux. Dites-leur que la vérité qui se développe dans le théorème n'a pas une marche plus sûre que la marche du malheur à la suite du crime, ou que celle du bien sur les pas de la vertu. Comme il est impossible que deux et deux ne fassent pas quatre, il est également impossible qu'un méchant ne soit pas malheureux.

Je suis persuadé, mon cher collègue, que les enfants comprennent ou plutôt voient ces vérités. Leur conscience les perçoit, dans sa pureté native ; elle s'y attache fortement, malgré les faits que le monde peut leur offrir en contradiction apparente avec elles. D'ailleurs ces derniers faits ne sont pas les plus nombreux et la société est remplie des justes conséquences du bien et du mal moral.

Mais n'allez pas chercher vos exemples trop loin.

Que votre existence puisse leur servir continuellement de modèle. Vous savez quelle forte pente entraîne les enfants à l'imitation : ils imitent leurs parents, ils imitent leurs camarades ; mais ceux qu'ils veulent imiter surtout, ce sont les hommes qu'une fonction sociale tire du commun. Vous, instituteur, vous êtes le premier copié. Vous devez donc faire en sorte, je n'ai pas besoin de vous le dire, d'être toujours devant eux et avec eux juste et bon. L'école est à la fois un champ d'exercice où vous êtes le chef, et un tribunal où, sans que vous vous en doutiez peut-être, les élèves sont vos juges, juges sévères et perspicaces. Il faut leur donner l'exemple de la peine supportée avec bonne humeur, du travail accompli avec plaisir. La justice avec laquelle vous distribuerez les places dans les compositions, les notes de conduite bonnes ou mauvaises, les punitions et les récompenses, trouvera un écho dans leur cœur. Ils deviendront justes à vous voir l'être avec eux.

Si vous voulez leur montrer les effets du mal moral dans l'existence des hommes, il n'est point douteux, par malheur, que vous n'en trouviez des exemples dans votre commune même. Je ne goûte pas le procédé des Spartiates qui, pour détourner leurs enfants de l'ivresse, leur montraient des ilotes ivres. Je n'aime point que l'on donne aux enfants le spectacle du mal ; je ne voudrais voir passer aucun nuage sur le ciel pur de leur jeune conscience. Mais s'il arrive que, par hasard, un ivrogne s'offre à leur vue, faites-leur sentir vivement, sans insister toutefois, combien ce vice est dégradant. Vous tiendrez avec eux la même conduite, toutes les fois qu'ils auront connaissance d'un acte mauvais.

Ce que vous pourrez déployer avec complaisance à leurs yeux, c'est le tableau du bonheur des gens de bien. Là, on ne peut que souhaiter la contagion de l'exemple. Si quelqu'un a reçu la récompense de son dévouement, vous direz qu'elle n'est rien en comparaison du bonheur intime qu'il éprouve en lui-même.

Il est rare, de nos jours, dans l'organisation de notre

société, que la bonne volonté et le travail de l'honnête homme ne produisent pas de bons résultats. Lorsque l'enfant verra, les jours de fête, passer les groupes des travailleurs, la joie sur le visage et la propreté sur les habits, rappelez-lui que, s'ils n'étaient pas honnêtes, ils ne seraient pas aussi gais.

Ainsi votre exemple, mon cher collègue, et les divers exercices de votre profession viendront tous concourir à l'enseignement de la morale. Si la société veut instruire tous les enfants, c'est encore moins pour avoir des citoyens éclairés que pour avoir des hommes de bien. Elle sait que la connaissance et la pratique du bien leur procureront le bonheur, et, pour accomplir cette belle tâche, elle compte sur vous.

Agréez, etc.

SUJETS A TRAITER

137. — Dire dans une lettre *ce qu'on entend par la morale.* — En démontrer la nécessité et expliquer ce qu'on entend par *morale privée, morale publique, morale sociale et politique.*

138. — Expliquer ce qu'on doit entendre par *le bien et le mal,* qu'on parle dans le sens absolu ou dans le sens relatif.

139. — *Nécessité des lois :* lois et mœurs; principes fondamentaux des lois et des mœurs; énoncer ces principes et les expliquer en peu de mots.

140. — Démontrer que l'idée de justice est renfermée dans ce principe: *Ne fais à personne ce que tu ne veux pas qu'on te fasse.*

141.— Écrire à un jeune collègue pour lui expliquer ce qu'on doit entendre par liberté et pour lui dire comment il convient d'en parler aux enfants.

MON CHER COLLÈGUE,

Je ne puis que vous féliciter des scrupules que vous me dites éprouver pour parler de la liberté aux enfants qui fréquentent votre école. Vous m'avez fait honneur et plaisir en me les confiant : honneur, par la bonne opinion que vous avez de mon expérience; plaisir par la bonne volonté et l'intelligence dont ils sont une preuve chez vous. Je sais que la plupart de vos collègues vous ressemblent, et j'espère enfin ne pas quitter ce monde sans voir la réalisation de ce rêve longtemps caressé : l'école primaire régénérant la France.

Pardonnez-moi cette effusion de la joie que j'éprouve, et venons-en au sujet qui nous intéresse.

Liberté ! voilà un mot puissant, enchanteur, qui séduit les hommes ; qui peut les entraîner aux plus nobles dévouements et les porter aux plus pénibles sacrifices. Et la chose que ce mot représente vaut bien tout ce qu'on fait pour elle. Examinons-la de près, afin de nous en former une idée nette, répondant à la réalité. Il nous sera ensuite facile de faire pénétrer cette idée dans l'intelligence de nos élèves et d'en échauffer leur cœur.

La liberté, peut-être plus encore que l'intelligence, fait la supériorité de l'homme sur le reste des êtres. La plante qui ploie au souffle de la brise, l'arbre qui fléchit sous l'effort de l'orage, de même que l'alouette qui vole en chantant jusque dans les nuages, et les troupeaux qui s'ébattent sur l'herbe des prés, obéissent à des lois dont ils n'ont pas conscience et auxquelles ils ne sauraient échapper; ils ne sont pas libres. Des lois physiques conduisent et obligent tous les êtres dans l'espace qui nous entoure et sur le globe que nous habitons. Nulle plante, nul animal, nulle étoile ne songe à s'y soustraire : toujours les végétaux nous prodiguent leurs fleurs et leurs fruits, les bêtes leurs services et les astres leurs feux. Mais l'homme peut résister à ces lois si puissantes, qui règlent la marche de l'univers. L'oiseau fait toujours son nid au printemps et élève sa famille ailée ; l'homme passe quelquefois sa vie sans faire choix d'une compagne, sans donner de défenseurs à la patrie, ni de soutiens à sa propre vieillesse. Il détruit même d'un seul coup tout le plan de la nature en mettant fin lui-même à son existence.

Voilà, mon cher collègue, une des faces par lesquelles on peut envisager la liberté. C'est la liberté physique dans sa plus haute acception, celle en vertu de laquelle l'homme peut résister aux lois de la nature, les contrarier, les détruire en lui. Je n'ai pas besoin de vous dire que vous ferez voir à vos élèves les avantages que l'on recueille à les suivre, et les inconvénients que l'on éprouve à les combattre ou à les exagérer. Le malaise qui suit la gourmandise pourra vous servir d'exemple, ainsi que les autres désagréments qui sont la suite inévitable des excès et des privations.

Je sais bien que les philosophes de profession ont encore une autre manière d'entendre la liberté physique. C'est ce que j'appellerai la liberté d'action. Je suis sûr que vous me comprenez, sûr aussi que vous n'aurez pas de mal à faire concevoir à nos élèves qu'elle peut être enlevée à l'homme. Le prisonnier dans son cachot n'en jouit point, non plus que le marin à bord de son navire, ou l'écolier lui-même sur le banc de sa classe. Mais cette privation est un avantage pour la société et, à y bien regarder, pour l'individu même qu'elle gêne. Dans tous les cas, elle ne saurait porter atteinte à la vraie liberté, qui est la liberté morale.

Celle-là réside dans la conscience, et nulle puissance n'est assez forte pour l'arracher de ce sanctuaire. Elle est à l'abri de toute violation. La brutalité d'un ennemi, l'injustice d'un concitoyen, l'entraînement d'une passion ne peuvent, en réalité, rien sur elle. Criez : « Vive le roi. » A cette injonction d'une bande armée, un enfant répond : « Vive la République. » Il tombe à l'instant la poitrine trouée de balles ; mais il est mort libre.

Les exemples ne vous manqueront pas pour faire pénétrer dans la conscience des enfants, même les plus jeunes, la notion nette et exacte de la liberté morale. C'est la faculté de faire ce qui nous plaît à l'égard du bien et du mal, comme la liberté physique est la faculté de résister ou d'obéir aux lois de la nature. L'enfant comprend facilement, ou plutôt sent qu'il est moralement libre. Le don qu'il fait à l'aveugle ou à l'infirme lui cause une joie secrète dont il voit qu'il ne tenait qu'à lui de se priver. Le mensonge donné comme excuse à son maître trouble le calme de son cœur et assombrit la sérénité de son visage ; mais il sait qu'il pouvait s'épargner ces tourments.

A l'aide de ces premières expériences personnelles, il est aisé de faire comprendre à l'enfant toute l'importance de la liberté morale et de lui faire voir qu'elle seule donne aux hommes de la dignité et du mérite. On ne songe point à féliciter le paon de la beauté de son plumage, ni à le blâmer de l'aigreur de sa voix. Mais lorsqu'un enfant n'a pas sali ses vêtements et qu'il a bien appris ses leçons, on lui en fait compliment, comme on le punit d'avoir négligé ses devoirs ou d'être rentré à la maison les habits souillés et en lambeaux. Les prix que le maître donne aux meilleurs écoliers consti-tueraient une faveur imméritée si ces enfants étaient forcément bons, de même que toute punition infligée aux indisciplinés et aux paresseux serait une injustice, si ceux-ci ne jouissaient pas de la faculté d'être meilleurs.

Je le répète, mon cher collègue, il n'est point d'enfant qui ne comprenne ces vérités. Mais ceux que nous avons charge d'instruire concevront-ils de même la liberté sociale et politique? Je le crois. Si l'enseignement, en cette matière, est plus difficile à donner qu'en d'autres, la peine sera pour nous, le fruit pour l'élève, et nul ne songera à s'en plaindre. Il est important que l'homme sache de bonne heure ce qu'il doit à ses concitoyens et ce que ses concitoyens lui doivent. Ira-t-il à son gré cueillir des fruits dans le verger d'un voisin ? Non. Pourquoi? Parce qu'il ne veut pas que le voisin vienne lui prendre son joli porte-plume, dont sa marraine lui a fait cadeau. Battra-t-il son petit camarade ? Mais il serait battu lui-même par le grand frère de celui-ci.

Pourtant il sent qu'il peut, s'il veut, voler des poires et battre les petits enfants. A cet égard encore il se voit libre. Mais ce qu'il voit non moins bien, c'est qu'il serait malheureux lui-même d'être victime d'un vol ou de subir de mauvais traitements. En partant de ces idées simples, il ne sera pas malaisé de lui montrer avec clarté que, obligés de vivre en contact les uns avec les autres et souvent de se venir en aide par de mutuels secours, les hommes doivent aussi convenir entre eux de ce qui sera permis et de ce qui sera défendu à tous et à chacun. Il sera non moins aisé de lui faire comprendre que ces conventions, qui sont les lois, ont été établies en vue de la conservation de la société et pour garantir la liberté, la sécurité et la propriété de chacun de ses membres. Il verra sans peine, par l'exemple de tous, qu'il est libre d'agir à son gré en respectant les lois, et il aura de bonne heure une notion exacte de la liberté sociale et politique, à savoir qu'elle n'est autre chose que la faculté d'accomplir son devoir sans contrainte, et d'exercer son droit sans entrave. L'enfant a, au plus haut degré, le sentiment de la justice, et sa conscience sera satisfaite lorsqu'il aura senti que les obstacles mis par la société à sa liberté naturelle n'ont été créés que pour le protéger contre tous les maux.

Je ne crois pas, mon cher collègue, que ces notions pénètrent plus difficilement que les premières dans une intelligence d'enfant. C'est à nos leçons d'être claires et attrayantes. Nulle peine d'ailleurs ne doit sembler dure quand il s'agit de former un homme libre, ayant le juste sentiment de sa liberté.

Agréez, etc.

SUJETS A TRAITER

142. — Démontrer que *la liberté seule fait tout le mérite ou le démérite des actes de l'homme*, et qu'il ne peut être loué ni blâmé qu'autant qu'il a fait le bien ou le mal sans y être contraint.

143. — Expliquer qu'*il ne faut pas confondre la liberté naturelle et le droit* : la liberté naturelle n'est entière que pour l'homme seul ; l'idée de droit implique celle de société et a pour corrélative l'idée de devoir. — Dans une société, la liberté n'est pas autre chose que le libre accomplissement du devoir et le libre exercice du droit.

144. — Expliquer la devise républicaine : *liberté, égalité, fraternité*. Démontrer que la liberté est le seul moyen d'arriver à la justice, qui est ce qu'on entend par égalité. Ajouter que, en dehors des devoirs de justice auxquels nul ne peut se soustraire, il en est de tout volontaires que le sentiment de fraternité ou d'amour seul peut inspirer.

145. — Un jeune instituteur, convaincu qu'il est nécessaire d'inspirer aux enfants le juste sentiment de leur dignité personnelle, a écrit à son ancien maître pour lui exposer ses craintes de ne pas réussir ou de se tromper. — Réponse du maître.

MON CHER AMI,

Rien ne vous paraît plus utile, dites-vous, que d'inspirer aux enfants un *juste sentiment de leur dignité;* mais vous avouez, en même temps, que rien ne vous paraît plus difficile. Vous ajoutez, non sans raison, que toute tentative maladroite en ce sens peut être dangereuse; vous craignez l'exagération si naturelle à leur âge, et vous appréhendez de développer leur orgueil.

Vos craintes, quoique exagérées, ne sont pas sans fondement. Il est malheureusement vrai que l'homme, — et l'enfant est un petit homme, — a une tendance naturelle à avoir une trop grande estime de lui-même. Ce n'est pas un motif, cependant, pour ne pas essayer de donner à nos élèves le plus grand respect possible d'eux-mêmes. Il n'est pas une vertu qui ne confine à un défaut ou à un vice : l'économie est près de l'avarice; la douceur, de la faiblesse; une juste indignation, de la colère; l'émulation, de l'envie, etc. Vous conviendrez, néanmoins, qu'il nous faut quand même nous efforcer de fortifier ces bons sentiments dans le cœur des enfants.

Le respect de soi-même est peut-être la plus grande force morale dont l'homme puisse disposer. C'est ce sentiment qui le garde non seulement des fautes publiques qui l'aviliraient aux yeux de tous, mais encore des fautes cachées qui l'aviliraient à ses propres yeux. C'est lui qui le pousse aux actes généreux qui peuvent lui valoir l'estime et la considération publiques, et aux actes ignorés qui lui donnent cette paix intérieure, cette joie intime sans lesquelles aucun bonheur n'est durable ni possible.

Vous le voyez, mon cher ami, inspirer aux enfants le respect d'eux-mêmes doit être un de nos plus grands soucis. Cette tâche, qu'il nous faut absolument remplir, est-elle donc si difficile ? Elle le serait, en effet, si nous n'étions pas aidés par la nature elle-même. L'amour-propre, l'amour de soi, pour mieux dire, doit-il fatalement conduire à un odieux égoïsme ? Répondre affirmativement à cette question serait nier la force de l'éducation et reconnaître la toute-puissance du mal. Les exemples contraires sont trop nombreux, heureusement, pour que nous acceptions cette désespérante théorie. Nous savons qu'il est possible de diriger l'amour de soi pour le plus grand bien de l'homme et de la société, et nous devons tout faire pour y réussir.

Comment y parvenir ? Tel est le problème à résoudre. Quels moyens emploierons-nous, à l'école surtout, où les enfants nous arrivent souvent mal préparés par leurs familles, où le contact de leurs camarades et le choc de leurs petites passions les excitent en sens opposé ?

Vous savez, mon cher ami, combien promptement s'avilit l'homme que chacun méprise ; vous avez pu voir combien un enfant prend vite son parti des punitions qu'on lui inflige, combien il devient insensible aux injures, lorsqu'il vit dans un milieu où on les lui prodigue. Celui qu'on ne respecte plus ne tarde pas à n'avoir aucun souci de lui-même, et ils sont, hélas ! nombreux ceux qui sont tombés au dernier degré d'avilissement par ce seul fait qu'on n'avait pas respecté leur enfance. Ce phénomène moral, dont nous sommes si souvent témoins, doit être pour nous la plus profitable des leçons. Si nous voulons que nos élèves aient pour eux-mêmes le respect qu'ils se doivent, il nous faut les respecter toujours. L'enfance, comme la vieillesse, n'est-elle pas infiniment respectable ? Sa faiblesse, sa candeur, son innocence, sa disposition à aimer qui l'aime, son besoin d'un appui qu'elle recherche partout, tout ne doit-il pas nous porter à l'entourer des soins les plus touchants; à la traiter avec la plus infinie délicatesse? L'idée que nous agissons sur une conscience où chacun de nos actes laisse une trace profonde, bonne ou mauvaise, ne doit-elle pas nous obliger aux plus grandes précautions?

Si les enfants étaient insensibles aux preuves de respect dont nous les entourons, peut-être pourrions-nous concevoir quelques craintes ; il n'en est point ainsi, loin de là. Ils en sont tout heureux ; ils se sentent grandis et il ne s'en trouve pas un qui ne laisse apercevoir la joie qu'il en éprouve. Leur cœur se gonfle, et l'on en voit dont l'émotion va jusqu'aux larmes.

Toutefois, nous aurions fait une œuvre imparfaite si nous n'avions fait que les respecter sans les convaincre, en même temps, que ce respect est attaché à leur dignité d'homme, et qu'il leur manquerait bientôt s'ils ne savaient pas vivre conformément aux règles que cette dignité leurs impose. Il faut qu'ils aient une juste idée de ce qu'est l'homme, qu'ils sachent à quoi l'oblige sa qualité d'être raisonnable, intelligent et sensible, qu'ils connaissent quelle peut être sa puissance pour le bien.

Ces idées, mon cher ami, nous ne pouvons les leur donner que par des exemples. Choisissons donc les exemples d'abord près de nous. Il n'est pas un village qui ne renferme quelques hommes supérieurs par la raison, par l'intelligence et par les sentiments. Celui-ci est l'arbitre choisi par tous ; celui-là a raison de toutes les difficultés et chacun l'appelle lorsqu'il faut surmonter un obstacle ; cet autre est capable de tous les dévouements : il n'est point de misère qu'il ne soulage, de douleur qu'il ne console, de danger dont il ne prenne sa part. Grâce à ces exemples, il nous est toujours facile, croyez-le, de montrer aux enfants que l'homme, seul entre tous les êtres vivants, est capable de ces actes de justice, de sagacité et de dévouement.

Sortez-les alors du milieu restreint où ils vivent :

faites-les assister aux grands faits de l'histoire. Qu'ils voient tout ce qu'ont été nos héros, nos savants, nos martyrs de la liberté, de la justice et de la charité, et ils seront alors vraiment fiers d'être hommes. L'enfant qui sait qu'il est de la race de ceux qui ont fait la patrie grande s'honorera d'être le frère des Vercingétorix, des du Guesclin et des Bayard; celui qui a contemplé et compris quelques-unes des merveilles de la science sera légitimement orgueilleux d'être homme comme les Papin, les Newton, les Ampère, les Stephenson et les Arago, comme celui qui a vu nos misères morales et matérielles sera heureux de voir que Washington, Oberlin et Vincent de Paul ne furent que des hommes comme il pourra être un jour, et il n'en est pas un qui ne soit glorieux de savoir que Bara et Viala furent des enfants comme lui.

C'est, à mon avis, par ces moyens, mon cher ami, que nous parviendrons à donner à nos élèves une juste idée de leur dignité. C'est en montrant que seuls ils sont libres, que seuls ils peuvent être justes et charitables, que nous ferons œuvre utile, et je crois que cette œuvre est relativement facile si nous y apportons une volonté ferme et persévérante. Je crois que vos craintes sont exagérées, et je vous engage à les bannir de votre esprit.

A vous, etc.

SUJET A TRAITER

146. — Même lettre à une institutrice. Après avoir exposé les idées générales, insister sur *le rôle de la femme dans la famille;* dire toute son action sur les enfants et sur le père lui-même; montrer qu'elle est la vraie gardienne des intérêts et de l'honneur et de la famille, etc.

147.—Une jeune institutrice, en faisant connaître les moyens qu'elle se propose d'employer pour obtenir une bonne discipline, a omis de compter sur son influence personnelle. — Écrire à cette institutrice pour lui indiquer cette omission et pour lui démontrer que les moyens qu'elle indique seraient impuissants si son autorité ne provenait pas, avant tout, de sa valeur personnelle.

MA CHÈRE ENFANT,

Dans votre dernière lettre vous m'avez exposé les moyens que vous vous proposez d'employer pour *obtenir une bonne discipline* dans votre école. J'ai vu avec plaisir que vous avez réfléchi longtemps sur la question et que vous n'ignorez aucun des moyens artificiels recommandés par les maîtres les plus expérimentés. Mais j'ai eu le regret de constater que soit modestie, soit oubli, vous avez négligé de parler de l'action que vous comptez exercer par vous-même. Vous ne me paraissez pas y avoir songé. C'est une grave omission; car, quelle que soit la valeur des artifices que vous emploierez, votre autorité sera presque nulle si elle n'émane pas de vous-même. Il en est d'une école comme d'un état: les lois et les règlements, même appliqués avec rigueur, ne suffisent pas à maintenir l'ordre si ceux qui dirigent n'ont pas certaines qualités spéciales qui rendent leur autorité respectable et respectée. Il est même à remarquer que l'école où l'on punit le plus, que l'État où les répressions sont les plus sévères et les plus nombreuses, sont ceux où le désordre est le plus grand.

S'il en est ainsi, et le fait ne saurait être nié, il est absolument vrai de dire que les qualités personnelles du maître sont essentielles à l'établissement et au maintien d'une bonne discipline, et que ses moyens préventifs ou répressifs seront impuissants s'il n'est pas lui-même ce qu'il doit être pour que son action personnelle soit efficace.

Examinons donc, ma chère enfant, ce qu'il convient qu'une institutrice soit à tous les points de vue pour que tout en elle contribue au bien de l'école.

Rien n'étant indifférent lorsqu'il s'agit d'éducation, nous pouvons affirmer, d'une manière générale, que l'action plus ou moins grande que la maîtresse peut avoir dépend : 1° de ses qualités extérieures, naturelles ou acquises; 2° de ses qualités intérieures ; 3° de la bonne impression qu'elle produit sur les familles.

Vous pourrez trouver extraordinaire, ma chère enfant, de m'entendre dire que les avantages physiques dont une institutrice peut être douée doivent être comptés en pareil cas. Le sentiment de justice, si vif à votre âge, s'en révoltera bien sûr tout d'abord. Vous ne voudrez pas comprendre que, en matière aussi grave, les hasards de la nature puissent procurer un avantage quelconque. Un peu de réflexion et le souvenir des impressions de votre jeune âge vous feront infailliblement changer d'avis. Vous vous souviendrez combien peu les enfants sont portés à respecter les personnes dont l'extérieur est désavantageux. Vous reconnaîtrez que nous nous laissons longtemps guider par l'idée première que nous avons conçue d'une personne lorsqu'on nous l'a présentée, et vous conviendrez que cette idée est loin d'être indépendante des charmes naturels dont elle était, ou non, pourvue. Non pas qu'il soit ici question de la beauté dans le sens ordinaire du mot, mais bien de cet extérieur gracieux et ouvert qui prévient et attire.

Toutefois cette force donnée par la nature ne tarderait pas à perdre tous ses effets, si elle n'était soutenue par d'autres qualités extérieures que tout le monde peut avoir ; car on les acquiert certainement, pour peu qu'on y mette de bonne volonté. Toutes les institutrices, en effet, peuvent avoir une tenue qui prévienne en leur faveur, qui témoigne de leur esprit d'ordre et au respect qu'elles ont d'elles-mêmes. Personne n'échappe à l'influence d'une telle manière d'être, et vous n'ignorez pas qu'on ne songe guère à s'oublier à l'égard d'une personne dont la tenue est parfaite.

Pourtant une bonne tenue ne suffirait pas si à cet indice favorable ne se joignaient une attitude et un langage dignes d'une institutrice, une grande régularité et une grande réserve dans la conduite. Ceux qui ont la charge d'élever les enfants sont astreints à veiller sur eux-mêmes, et le public a pour eux de grandes exigences. Le public a raison : il sait que leur exemple peut être funeste ou profitable ; il sait que leur action sur la conscience des enfants ne peut être utile à l'instruction et à la moralité de ceux-ci que s'ils ont confiance dans leur maîtresse ; il sait aussi qu'une maîtresse dont la tenue est négligée, dont l'attitude, le langage et la conduite ne sont pas en harmonie avec la gravité de ses fonctions, éloigne cette confiance et fait qu'on accorde peu de crédit à ses leçons, même les meilleures. Lorsqu'il s'agit des filles, les parents sont encore plus sévères ; et telle inconséquence qu'ils pardonneraient à un instituteur serait durement appréciée si elle était commise par une institutrice.

Si les qualités extérieures dont je viens de vous entretenir, ma chère enfant, sont indispensables à une institutrice, il en est d'intérieures qui le sont bien plus encore. A la douceur et à la bonté vraie qui attirent, ce que les enfants devinent bien vite, il faut joindre l'affection sincère qui soutient, l'amour du bien qui grandit et la fermeté qui retient tout le monde dans le devoir. C'est le caractère moral de l'institutrice qui la fait forte ou faible. Au contact d'une personne aimante et forte, on s'élève vite et l'esprit se remplit d'une crainte respectueuse et salutaire. Le mal que l'on fait facilement avec une institutrice moralement imparfaite, sans crainte d'une punition certaine, ne vient même pas à la pensée des élèves qui ont le bonheur d'avoir une maîtresse d'une perfection plus grande. Près d'elle, les enfants suivent leur droit chemin tout naturellement, par habitude et en quelque sorte inconsciemment. Elles sentent ses vertus, elles en sont toutes pénétrées; elles obéissent et travaillent sans songer que le contraire peut être fait. Une telle maîtresse obtient tout sans peine et sans autre lutte que celle qu'elle soutient contre elle-même pour garder son égalité de fermeté et d'amour.

Vous me direz peut-être, ma chère enfant, qu'un tel état de la conscience est bien rare et demande de bien grandes dispositions naturelles. Croyez-moi, il est moins rare que vous ne le pensez et les qualités qui manquent aux institutrices naturellement moins douées ne sont pas impossibles à acquérir. Ce qui importe, c'est que vous soyez convaincue qu'elles sont absolument nécessaires. La conviction vous donnera la volonté, qui vient à bout de tout. Vous aurez à lutter d'abord comme tout le monde; mais l'habitude rend maître dans les luttes morales comme dans les luttes physiques. Ce qui vous était pénible d'abord le deviendra bientôt moins, puis cessera de l'être tout à fait. On devient adroit à gouverner son cœur comme à conduire sa main, et il vient une heure où l'on pense tout naturellement bien, comme on écrit ou tricote sans fatigue et sans peine.

La possession de ces qualités, ma chère enfant, a un autre effet, non moins utile. Elle a pour conséquence nécessaire de vous attirer la confiance des familles, le bien le plus précieux que puisse désirer une institutrice, celui qu'elle doit surtout s'efforcer de conquérir. Il faut aujourd'hui, plus que jamais, qu'il y ait communion d'idées entre nous et la société. Les nécessités de l'existence, la lutte pour la vie, comme on dit, est si ardente à cause des besoins toujours grandissants, que les enfants nous sont de plus en plus abandonnés. Dans de telles conditions, il nous faut à tout prix avoir la confiance, et nous ne l'obtiendrons que si nous en sommes dignes. Pas un père de famille ne nous la refusera, s'il voit son enfant, quelquefois désagréable chez lui, être toujours chez nous douce, obéissante, laborieuse, appliquée. Il ne tardera pas à remarquer que ce n'est pas un intérêt mercenaire qui nous inspire. Il lira clairement au dedans de nous et constatera, ce qui est vrai, que nous sommes guidés par un motif supérieur; il ne croira pas seulement à notre valeur morale, à notre équité et à notre savoir: il sera convaincu, ce qui vaut mieux, de notre amour pour le bien de chaque enfant en particulier, et de notre dévouement à la patrie en général.

Telles sont, ma chère enfant, les conditions qui me semblent nécessaires à l'établissement de l'autorité que toute institutrice doit avoir. Cependant je m'aperçois que j'en ai omis une, à savoir, l'autorité que chacune de nous doit avoir sur elle-même; car celle-là seule est en état de commander aux autres et de les diriger qui est capable de se gouverner. En toute circonstance il nous faut être maîtresses de nos paroles et de nos actions. Vous le savez, nos élèves sont des juges clairvoyants et impitoyables, qui ne nous pardonnent rien et qui ne se trompent jamais sur les mobiles qui nous font parler ou agir. Quelle que soit la passion par laquelle nous nous sommes laissé conduire, elles la reconnaissent parfaitement, et nous sommes sans excuse à leurs yeux, si nous avons obéi à toute autre qu'à celle de la justice. Il ne leur faut point longtemps pour reconnaître que nous avons autant d'autorité sur nous-mêmes que nous voulons en avoir sur elles ; elles découvrent bien vite que nous ne disons et faisons que ce qui est bien, sans crainte comme sans colère, et elles se soumettent volontiers à une direction bienveillante et éclairée.

Agréez, etc.

SUJET A TRAITER

148. — Même lettre à un instituteur qui débute.

149. — **Un directeur d'école normale écrit à un de ses anciens élèves pour lui indiquer ce qu'il doit être et ce qu'il doit faire pour que les diverses relations soient aussi bonnes que possible.**

MON CHER AMI,

Hier encore, vous étiez un élève ; demain vous serez un maître ; vous étiez encore presqu'un enfant, vivant dans un milieu où chacun de vos actes était réglé, où, pour ce qui est de votre conduite, on pensait pour ainsi dire pour vous ; vous serez désormais homme, vivant de la vie générale, libre de vos actions, mais en même temps responsable d'elles. Selon ce que vous serez et ce que vous ferez, votre vie sera heureuse ou malheureuse, votre travail fécond ou stérile.

Votre situation d'homme et de fonctionnaire doublera pour vous les difficultés de l'existence, et ce n'est que par la plus sévère vigilance que vous pourrez éviter les erreurs qui seraient pour vous une source continuelle de souffrances. Le monde où vous allez vivre attend beaucoup de vous ; il vous confie ses intérêts les plus chers, et il ne se contentera pas de la perfection relative qu'il exige du commun des hommes. Il veut que l'instituteur fasse pour lui plus et mieux que ceux-ci pour lui accorder une égale estime. Il a pris ses précautions, du reste : il nous entoure d'une surveillance constante, et ceux qui ont la charge de veiller sur nous, de nous guider et de nous juger, sont bien nombreux. Il nous a créé une multitude de rapports et de relations auxquelles nous ne pouvons nous soustraire. Légalement et en fait, nous sommes soumis à certaines autorités, nous dépendons du grand public, et chaque famille en particulier a sur notre façon d'agir un droit légitime d'examen.

Au premier abord, il peut nous paraître injuste que la société se montre si exigeante pour nous ; mais, quand nous réfléchissons que c'est dans nos mains qu'elle remet son avenir ; que c'est surtout par nous que se forme sa conscience générale, nous reconnaissons toute la légitimité de ses appréhensions et le droit qu'elle a de nous demander de la servir au mieux de ses intérêts.

Discuter le droit de la société n'est donc pas ce qui importe, c'est de le reconnaître et d'y satisfaire. Nous n'avons pas à nous plaindre d'une tâche que nous avons librement acceptée, après l'avoir instamment sollicitée. En la réclamant, nous avons affirmé notre capacité à la remplir et notre bonne volonté de le faire. C'est à nous de prouver qu'on a bien fait de nous choisir en nous montrant dignes d'une aussi haute mission.

Ceci dit, mon cher ami, voyons ensemble comment il convient qu'un instituteur agisse pour satisfaire à la fois la société, les autorités, le public au milieu duquel il vit et chacune des familles qui lui confient des enfants.

I

C'est, avant tout et surtout, à l'instituteur, considéré comme fonctionnaire, que la société a des comptes à demander. C'est elle qui le délègue, qui lui donne l'autorité qu'il possède et qui, en retour de la qualité qu'elle lui confère, lui trace les devoirs qu'il a à remplir. C'est elle encore qui, au nom de tous et avec l'argent de tous, assure son existence et la lui rend sinon brillante, du moins certaine. Elle a dès lors le droit d'exiger qu'il soit un mandataire fidèle, gardien vigilant des droits qu'elle lui confie, exécuteur consciencieux de ses volontés.

Il est relativement facile à tout homme d'être un bon fonctionnaire, s'il le veut. La charge qui lui est imposée n'est jamais au-dessus de ses forces, pour peu qu'il soit laborieux. Ce n'est pas, en général, du travail des fonctionnaires que l'on se plaint ; ce n'est pas non plus de leur probité professionnelle, partout reconnue; et pourtant, pour peu que vous prêtiez l'oreille aux bruits du dehors, vous serez assourdi du nombre des réclamations qui s'élèvent contre eux. Beaucoup vous paraissent injustes et le sont peut-être; d'autres vous semblent fondées et le sont en effet. La cause unique de tous ces malentendus entre les membres du corps social et leurs mandataires n'est autre qu'un sentiment erroné que ces derniers ont du rôle qu'ils ont à jouer, une ignorance souvent complète du principe qui doit les guider. Trop souvent, en effet, le fonctionnaire, même le plus juste, ignore ou ne songe pas que le public n'est pas là pour lui, mais que, bien au contraire, c'est lui qui est là pour le public. Beaucoup d'instituteurs ont compromis leur avenir par une erreur de cette nature. Ils ont trop cru à leur droit sur les enfants, oubliant qu'ils appartenaient à ceux-ci et qu'ils n'avaient été placés à leur tête que pour travailler avant tout pour eux. N'oubliez jamais ce salutaire principe, mon cher ami; qu'il soit toujours présent à votre esprit, et je puis vous assurer que, étant donnés votre capacité et votre amour du travail, la société n'aura pas à se plaindre de son fonctionnaire.

La société nous considère comme citoyens, et cette qualité nous crée avec elle des rapports d'une autre nature. Elle tient à ce que, là surtout, nous soyons des modèles; car nous la représentons plus particulièrement, puisque nous sommes une émanation directe d'elle-même, les dépositaires de sa pensée et de ses volontés. Plus que personne il nous faut être respectueux des lois, dévoués aux intérêts généraux, et prêts les premiers aux heures où son salut exige des sacrifices.

L'application du principe qui peut faire de nous un bon fonctionnaire, les dispositions d'esprit qui font le bon citoyen, n'auront pas seulement pour effet de faciliter nos relations avec la société, elles auront encore pour conséquence de nous faire estimer des hommes qui ont autorité sur nous et de faire qu'avec eux nos rapports soient bons. Ils ne pourront s'empêcher de nous estimer tout d'abord. Nous n'aurons, pour vivre en paix, qu'à lutter contre notre caractère si, par hasard, il n'était pas suffisamment parfait. Il n'est pas, bien certainement, un inspecteur, un maire, un délégué cantonal qui n'apprécie comme il convient celui de ses subordonnés qui est à la fois un fonctionnaire bien pénétré de son rôle et un citoyen dévoué.

Toutefois vos rapports avec vos supérieurs pourraient encore ne pas être bons si vous aviez certains défauts de caractère. Je ne puis vous les énumérer tous ; mais je ne saurais trop vous mettre en garde contre le plus commun : je veux parler de la vanité. Ce sentiment, qu'on retrouve à l'origine de presque toutes les fautes, est sûrement celui qui cause le plus de maux au corps des instituteurs. C'est lui qui les fait douter de la justice de leurs supérieurs et qui leur attire quelquefois des peines sévères.

Une simple réflexion devrait pourtant les en garantir : quand un supérieur est placé à leur tête, ou quand ils sont envoyés sous ses ordres, il ne les connaît pas encore et n'a contre eux sans doute aucun mauvais sentiment. Il est habituellement porté à la bienveillance, et le cas est rare où il n'est qu'indifférent. Ce n'est qu'au bout d'un certain temps qu'il a bonne ou mauvaise opinion de son subordonné. Je sais qu'il est dans la nature humaine d'accuser les autres de ses propres fautes et de vouloir leur en faire porter la responsabilité. Gardez-vous, mon cher ami, de ce travers, aussi funeste qu'il est commun. Si l'un quelconque de vos supérieurs vous fait connaître qu'il est mécontent, ne l'accusez pas de mauvais vouloir à votre endroit, mais étudiez-vous. Pourquoi serait-il injuste pour vous? Quel intérêt y a-t-il? Quel avantage peut-il retirer d'une sévérité que rien ne justifierait? Soyez certain que, s'il vous blâme, c'est que vous aurez manqué de zèle, d'ordre, de tact ou de mesure.

La vanité nous rend encore coupables d'une autre

faute : elle nous rend jaloux de nos collègues. Nous ne sommes pas leurs juges, et pourtant nous les jugeons. S'ils obtiennent une faveur, nous ne voulons pas qu'ils l'aient méritée, et nous accusons encore nos supérieurs d'injustice et de partialité. Nous nous déclarons parfaits, meilleurs que des gens que nous ne connaissons pas, et nous proclamons bien haut que nous savons mieux la vérité que ceux qui pourtant nous voient tous. Si l'on nous accusait d'agir ainsi à l'égard de quelqu'un de nos élèves, nous bondirions sous l'injure ; mais notre vanité est si forte, que nous n'hésitons pas à attribuer aux autres ce dont nous ne permettons pas qu'on nous soupçonne. Nos supérieurs nous mésestiment alors, et ils ont raison. A partir de ce moment, nos rapports avec eux cessent d'être bons, et c'est nous qui sommes justement victimes de la faute que nous avons commise.

Beaucoup d'instituteurs compromettent encore leur situation d'une autre façon : ils veulent être habiles, être *forts*, comme on dit aujourd'hui. Ils manquent de sincérité ; ils voilent la vérité, oubliant que la duplicité et la flatterie n'ont qu'un temps. Ils étudient leurs supérieurs pour découvrir le côté faible par lequel ils sont le plus accessibles, afin d'exploiter leur découverte au profit de leurs intérêts particuliers. Ils s'avilissent bien inutilement. Leur habileté ne tarde pas à leur nuire, et ils s'aperçoivent trop tard qu'ils ont perdu pour jamais une confiance qu'ils avaient usurpée. Ne commettez pas une telle maladresse, mon cher ami ; ne soyez pas fort de cette façon-là. Soyez assuré qu'il n'existe qu'une véritable force, celle de l'honnêteté.

II

Nous ne dépendons pas seulement de la société et des autorités ; celles-ci eussent-elles pour nous la plus parfaite estime, que nous resterions encore presque impuissants pour le bien, si le public qui nous entoure immédiatement n'avait pas de nous la même bonne opinion.

Nous n'avons pas le droit de dire : « Mes chefs sont satisfaits; j'ai la conscience tranquille, et je me moque de ce qu'on peut dire autour de moi. » Ce langage, que les jeunes gens sont trop portés à tenir, ne doit jamais être dans la bouche d'un instituteur. Comme tous ceux qui ont une charge sociale, il relève de l'opinion publique et il ne lui suffit pas d'être estimable, il faut de plus qu'il soit estimé. Comment agirait-il fructueusement sur l'esprit des enfants, si ceux-ci, toujours influencés par le sentiment général, n'avaient pas pour son caractère le respect le plus profond ? L'enfant ne croit pas à la parole de celui dont son père doute ; il est porté à mépriser celui qu'il n'estime pas, à haïr celui qu'il n'aime pas. Il nous faut donc à tout prix, mon cher ami, conquérir l'estime et l'affection de ceux au milieu desquels notre existence doit s'écouler.

Vous savez aussi bien que moi quelles sont les qualités qui donnent droit à l'estime et à l'affection. Vous n'hésitez pas à refuser les vôtres à tout homme qui n'est pas poli, complaisant, juste, bon, affectueux, prévenant. Vous méprisez le jeune homme qui ne sait pas être bon fils, ou celui dont la conduite est irrégulière; vous ne lui pardonnez même pas d'être seulement imprudent. Vous fuyez le chef de famille qui ne sait être ni bon époux ni bon père, et vous avez horreur de celui dont la probité générale ou professionnelle n'est pas sans reproche. Plus que tout autre, il vous faut avoir ces qualités poussées à une grande perfection ; car il ne vous suffit pas de les avoir, il est indispensable qu'on vous les reconnaisse: il est nécessaire qu'elles soient en vous assez fortes pour se dégager d'elles-mêmes et en quelque sorte à votre insu, parce que l'on ne vous pardonnerait pas d'en faire montre.

La conviction que tout le monde aurait que vous êtes pourvu de toutes ces qualités ne suffirait pas à établir ou à maintenir de bons rapports entre vous et la population, si vous n'y ajoutiez certaines précautions, certaines réserves de langage. La culture spéciale, intellectuelle et morale, dont vous avez été l'objet, vous donne une supériorité particulière sur vos concitoyens. S'il convient qu'ils en soient convaincus, il n'importe pas moins que vous ne la leur fassiez jamais sentir d'une manière blessante. Si inférieur que l'on soit, on n'aime pas à être traité ni considéré comme tel. Veillez sur vous à cet égard; ménagez toutes les susceptibilités; ne cherchez pas à imposer votre opinion; n'ayez jamais un ton tranchant : non seulement vous vous feriez ainsi le plus grand tort, mais encore, dans plus d'un cas, vous commettriez une injustice en votre faveur. Vous savez, il est vrai, beaucoup plus de certaines choses que vos voisins; mais eux aussi possèdent bien des connaissances que vous n'avez pas. « Il n'y a de véritable savant que celui qui sait parfaitement tous les secrets de sa profession. L'instituteur trop fier est-il bien sûr d'être professeur plus habile, éducateur plus parfait que son voisin n'est artisan adroit, cultivateur expérimenté? Sait-il s'il a mieux que lui la conscience de ses devoirs, une probité professionnelle plus grande, une bonne volonté plus entière, un dévouement plus complet à la chose publique? Qu'il se compare avec équité, et il verra qu'il n'est pas toujours le meilleur. Le juste sentiment du rang qu'il tient parmi les bons lui vaudra la reconnaissance de ceux qui valent mieux que lui, la considération de ceux qui valent moins, l'estime et la confiance de tous. »

Il me reste, mon cher ami, à vous parler des relations que vous devrez avoir avec chaque famille en particulier. Vos efforts seraient vains, si vous n'étiez ni soutenu ni secondé par les parents, qui, dans un instant, par une parole inconsidérée ou malveillante, peuvent annihiler votre travail de toute une semaine. Voyez-les souvent à propos de leurs enfants ; dites-leur avec précaution, en conformant votre langage à leur éducation et à leur caractère, en évitant de leur causer la plus petite mortification, quel est votre espoir, ou quelles sont vos craintes. Forcez-les, par la preuve de l'intérêt réel que vous portez à leurs enfants, à s'associer à tous vos efforts ; faites qu'ils soient en communion d'idées avec vous. Surtout ne paraissez jamais désespérer d'aboutir à un bon résultat. Vous leur causeriez une peine qu'ils ne vous pardonneraient peut-être pas : on n'aime pas à reconnaître que ceux qui viennent de soi sont incorrigibles ou impuissants, et l'on garde rancune au maître qui vous les a montrés tels. Ce désespoir, que beaucoup d'instituteurs manifestent trop vite, n'est que bien rarement légitime, du reste. Il est peu d'enfants qui soient insensibles à de bons soins, et le nombre des natures impuissantes ou foncièrement mauvaises est, heureusement, bien limité.

Cet intérêt réel et constant, que vous saurez montrer à tous vos élèves, je n'en doute pas, vous vaudra la confiance des familles. Il n'est pas un père ni une mère qui n'en soient flattés. La vérité séduit plus que le mensonge et votre dévouement ne sera pas méconnu, s'il est sincère. On sent la bonté vraie et il n'est pas une conscience qui soit fermée pour elle. L'instituteur peut être une sorte de confesseur « dans le sein duquel le père et la mère aimeront à déposer leurs espérances ou leurs craintes », et celui qui le voudra bien sera toujours ce dépositaire honoré.

L'autorité est si convaincue de la nécessité de relations suivies entre les maîtres et les familles qu'elle en a conseillé de tout officielles. Elle désire, et beaucoup d'entre nous ont accédé à son désir, que les familles soient constamment tenues au courant du travail et de la conduite de leurs enfants, elle nous a demandé, dans ce but, de vouloir bien leur adresser, à des époques fixes, un tableau de l'état moral et intellectuel de chacun d'eux, une sorte d'inventaire de leur situation.

Cet état, que nous appelons le livret de correspondance, a, sur notre parole, l'avantage d'être en quelque sorte matériel et mathématique. Il indique, semaine par semaine, ou mois par mois, le chemin parcouru, les pas en avant ainsi que les reculs, et il est pour les parents un guide et un conseiller sûr. Il les fixe sur la nature des éloges ou des blâmes qu'ils ont à faire, en précisant les points où ils doivent se joindre à nous pour nous venir utilement en aide. Mais, pour que ce livret porte tous ses fruits, il ne faut pas qu'il soit un enregistrement banal de compositions mal corrigées ou de notes données distraitement. Il doit être sérieusement fait, afin d'être rigoureusement vrai. Lorsqu'il n'en est pas ainsi, les familles ne tardent pas à s'en apercevoir, et bientôt elles n'en tiennent plus compte. Veillez sur vous, mon cher ami ; évitez les notes banales, les expressions sèches et vagues, sinon vous perdrez d'un coup votre temps et la confiance que vous aviez tout d'abord inspirée.

Agréez, etc.

SUJET A TRAITER

150. — Même lettre à une institutrice. — Indiquer avec soin la différence qui doit exister entre la manière d'être d'un instituteur et celle d'une institutrice. Détailler les qualités qu'on exige de celle-ci.

151. — **Un instituteur ayant attaqué l'institution des bataillons scolaires, sous le prétexte que les enfants oublieront ce qu'ils ont appris, un de ses collègues lui répond pour combattre son opinion et lui prouver que cette institution est favorable à la bonne éducation militaire des jeunes gens.**

MON CHER COLLÈGUE,

Votre dernière lettre m'a quelque peu surpris, ainsi qu'un bon nombre de nos amis communs. L'institution des bataillons scolaires avait été par nous bien accueillie, et cela, il est vrai, sans discussion aucune. Nous nous étions laissé entraîner et nous avions spontanément applaudi.

Vos arguments contre cette institution nous ont fait réfléchir. Nous nous sommes demandé si nous n'avions pas trop subi l'influence de notre patriotisme, et si vous n'aviez pas raison en tentant de refroidir notre enthousiasme.

Eh bien ! toute réflexion faite, nous gardons nos opinions anciennes, et je viens m'efforcer de vous les faire partager.

Tout d'abord, je vous ferai le reproche de vous être exclusivement préoccupé de la portée matérielle de l'institution. Elle a pourtant, comme toutes les choses de ce monde, une portée morale qui vaut bien qu'on y songe.

Est-il vrai, du reste, que, même au point de vue matériel, les *bataillons scolaires soient une inutilité?* C'est un procès que vous avez jugé sur votre seule plaidoirie, et je crois que votre jugement doit être réformé en appel.

N'est-il pas hasardé de dire que les exercices de nos enfants ne leur apprendront rien d'utile, et que leur éducation militaire sera tout entière à refaire lorsqu'ils arriveront au régiment?

Veuillez bien réfléchir, mon cher collègue; souvenez-vous des jeux de votre enfance, et vous constaterez que, même dans un âge avancé, vous êtes resté adroit dans ceux où vous excelliez. Il en est des choses de l'ordre physique comme de celles de l'ordre intellectuel : ce que nous avons appris dans le jeune âge nous reste à tout jamais. Il en sera de même de l'éducation militaire que les enfants recevront à l'école.

Sans doute, la gymnastique générale est une excellente culture du corps; mais la gymnastique militaire n'est pas contraire à son développement, et elle a de plus l'avantage de le diriger spécialement en vue d'un art où l'homme ne saurait trop exceller.

Le maniement du petit fusil ne saurait nuire au maniement du grand. Si ce dernier est plus lourd, les forces seront aussi plus grandes à l'heure où le jeune soldat s'en servira. Toutes choses étant proportionnées, l'homme fait retrouvera sans peine toute l'habileté de l'enfant.

Je pourrais continuer longtemps cette réfutation en reprenant un à un tous vos arguments; mais vous savez trop combien l'éducation première a d'influence sur toute la vie de l'homme pour qu'il me soit nécessaire d'insister. La perfection en tout n'est pas autre chose que le résultat d'habitudes intelligemment contractées, et il serait puéril d'insister sur la nécessité de les donner aux enfants.

J'arrive maintenant à la portée morale de l'institution.

Personne ne me contredira si j'affirme que l'ancien esprit militaire a disparu de la France. On ne trouve plus aujourd'hui de ces hommes qui placent toute leur gloire dans l'art de tuer, et il n'est pas un Français qui ne mette au-dessus des conquérants les hommes qui consacrent leur vie à la recherche de tout ce qui peut accroître le bien-être de l'homme et élever sa moralité.

Nous ne sommes plus les batailleurs d'autrefois, et ce n'est pas moi qui m'en plaindrai. Nous ne voulons plus, comme dit François Rabelais, « conquester royaumes,

ni piller et arrançonner les humains, mais bien les enrichir et réformer en liberté totale ». Tant mieux; je
n'y contredis point, et cet idéal élevé de la conscience
nationale a toute mon admiration.

Mais s'il est bon que l'ancien esprit militaire ait disparu, il serait détestable qu'il ne fît point place à un
autre et que les vertus austères qui naissent de l'épée
disparussent à leur tour. Ce que nous appelons « l'honneur», ce sentiment si essentiellement gaulois et français,
ce mépris de la mort que nos pères avaient à un si haut
degré, cet amour du sacrifice de notre être tout entier à
l'indépendance de la patrie et à la liberté de tous, ce
courage individuel qui fut si grand, il faut qu'ils soient
toujours aussi entiers dans nos âmes.

Il en est de ces sentiments comme de tous les autres;
si l'on veut qu'ils grandissent en nous, il faut les cultiver dans un milieu tel qu'ils puissent avoir leur complet
épanouissement.

Le bataillon scolaire, plus que l'école, plus que la famille, est aujourd'hui le milieu nécessaire.

La bravoure indomptable de nos marins et de nos
vieux militaires, ce mépris du danger que nous admirons en pâlissant, n'ont pas d'autre cause que la vue de la
mort toujours présente, le contact habituel de l'arme
qui la donne, ainsi que les conversations du bord et de
la caserne. L'esprit s'aguerrit et le cœur se hausse à de
tels contacts et à de tels entretiens.

Au bataillon scolaire, nos enfants subiront la même
influence. Le fusil, qu'ils toucheront sans cesse, ne sera
plus pour eux un objet d'effroi. L'action du vieux soldat
qui les commandera, les occupations toutes martiales
qu'ils y auront, les formeront plus que tout au rôle de
citoyen-soldat que tous doivent remplir désormais.

Ils grandiront dans cette idée; leur caractère sera
mieux trempé que le nôtre, et, si jamais l'heure du danger sonne pour la patrie, ils voleront à sa défense, non
pas peut-être avec un dévouement plus entier que nos
jeunes gens de 1870 ; mais dans un état d'esprit qui les

gardera mieux de toute faiblesse et qui les garantira efficacement de toute funeste panique.

Agréez, etc.

SUJETS A TRAITER

152. — Démontrer que les *exercices du bataillon scolaire* ne doivent pas être purement militaires ; mais qu'ils doivent comprendre des exercices de gymnastique et d'assouplissement, tels que la boxe, le bâton, etc.—Insister sur la nécessité de donner à l'homme une grande confiance en lui.

153. — Montrer que l'*éducation reçue au bataillon scolaire* ne prépare pas seulement l'enfant à la vie de soldat; mais qu'elle peut avoir une heureuse influence sur sa culture morale générale, et qu'elle le prépare également à sa vie de citoyen et à sa vie dans la famille.

---

154. — Un instituteur explique à l'un de ses anciens élèves quel a été le but du législateur en introduisant les Travaux manuels dans le programme des écoles primaires. — Il insiste sur ce point que la loi a plus en vue l'éducation générale que l'éducation professionnelle.

Mon cher ami,

Le programme de l'instruction primaire contenu dans l'article premier de la loi du 28 mars 1882 vous cause, dites-vous, des inquiétudes, et vous craignez de vous trouver au-dessous de votre tâche, notamment pour ce qui concerne l'enseignement des travaux manuels. Vous allez même plus loin et vous déclarez ne pas comprendre quelle a été la pensée du législateur en prescrivant aux instituteurs de dispenser un enseignement qu'ils sont incapables de donner. Vous vous élevez même contre cette idée d'ajouter l'atelier à l'école et vous allez jusqu'à dire que l'instituteur qui se donnera trop à cet enseignement pourra perdre de sa valeur d'éducateur tout ce qu'il gagnera comme manouvrier.

Laissez-moi vous dire tout d'abord, mon cher ami, qu'aucune de vos craintes n'est fondée et, parmi elles, tout particulièrement la dernière.

Ce n'est point de métier, mais bien d'éducation vraiment populaire et démocratique que le législateur s'est préoccupé, ainsi que je vais m'efforcer de vous le démontrer.

Vous êtes certainement d'accord avec tous les éducateurs, lorsqu'ils affirment que nos sens ont droit à une culture aussi soignée que notre esprit ou notre cœur. Comme tous les bons esprits, vous êtes convaincu que l'enfant doit être élevé en vue de l'action, et vous savez que la main ne doit pas être moins habile à exécuter que l'esprit à concevoir et que le cœur à sentir. Pour l'exécution des mille travaux en face desquels l'homme peut se trouver placé, deux organes, l'œil et la main, ont surtout besoin non seulement d'être habiles, mais encore d'être d'accord, et pour cette raison, il est nécessaire qu'ils soient cultivés parallèlement. Si vous voulez bien relire avec attention les programmes des 27 et 28 juillet 1882, vous y verrez que le Conseil supérieur s'est inspiré de l'esprit véritable de la loi, que les exercices qu'il prescrit ont tous un caractère éducatif et que personne n'a songé à préparer les enfants à un métier quelconque. Tous les exercices, au contraire, sont combinés en vue de l'éducation de l'œil et de la main. Bien plus, ils sont propres à bien servir les travaux de dessin et de géométrie auxquels l'école a mission spéciale d'exercer les enfants.

Est-ce à dire cependant qu'on n'ait pas eu la pensée de servir efficacement l'homme de métier lui-même? Loin de là, on n'eût pas fait œuvre suffisante d'éducation si l'on n'eût pas eu également en vue les diverses professions manuelles auxquelles sont généralement destinés les élèves de nos écoles primaires. Mais on y a pensé sagement. Tout le monde sait que, grâce à l'extrême division du travail, aujourd'hui nécessaire pour les travaux industriels, l'enfant, à qui l'on a besoin de faire produire beaucoup, est spécialisé aussitôt son entrée à l'atelier. Son œil et sa main ne sont exercés qu'à accomplir un seul genre de travail et ils restent inhabiles à toute autre occupation. C'est là à la fois un danger pour l'individu et pour la société : pour l'individu, qu'une suspension de son travail peut plonger dans la misère; pour la société, qui peut être mise en danger si un grand nombre d'hommes se trouvent à la fois sans travail et sans pain. C'est aussi une perte pour elle que d'être composée d'hommes dont la puissance de production est par trop limitée. L'enfant qui, dès sa jeunesse, aura été rompu à mille exercices divers, aura l'apprentissage facile et pourra passer d'un métier à un autre presque sans peine. Il pourra surtout, dans l'industrie qui lui est propre, passer d'une spécialité de travail à un autre sans cesser de produire assez pour assurer son existence et celle de siens. Point n'est besoin d'insister davantage pour vous convaincre combien la loi a été prévoyante.

Il me reste à vous entretenir maintenant de la haute moralité de la loi. En introduisant le travail manuel à l'école, en y exerçant tous les enfants de quelque condition qu'ils soient, on l'honore, et l'on élève moralement tous ceux qui s'y livrent. En le plaçant côte à côte avec les autres exercices de l'école, en le faisant distribuer par celui-là même qui, jusqu'à présent, n'avait été chargé que de la culture de l'esprit et du cœur, on fait œuvre de saine éducation démocratique; on met l'artisan et le laboureur à leur place, c'est-à-dire sur le même niveau que le savant et l'artiste. Aucune mesure, croyez-le bien, mon cher ami, ne peut avoir d'effets moraux plus heureux, surtout lorsqu'elle sera bien comprise. En élevant en dignité ceux qu'on avait jusque-là tenus dans une condition inférieure, on les excite à se montrer de plus en plus dignes de la place qu'on leur a faite et on les force, pour ainsi dire, à grandir moralement. En faisant œuvre de justice, il n'est point possible de ne pas faire œuvre d'éducation.

Les auteurs de la loi n'ont fait, du reste, que réaliser la pensée de tous les grands pédagogues, notamment de Rabelais, dont vous aimez tant à lire les pages admirables consacrées à l'éducation. — Son *Gargantua*, vous le savez, doit être laboureur et artisan ; il doit « botteler du foin, fendre et scier du bois, battre les gerbes en granges », et semblablement aller voir les gens de toutes professions manuelles pour « apprendre et considérer l'industrie et invention des métiers ».

C'est même en cet endroit que Rabelais se montre éducateur et moraliste au plus haut point. En faisant de son fils de roi un artisan et un manœuvre, il réhabilite le travail du pauvre et proclame l'égalité humaine. Depuis que les travaux manuels avaient été abandonnés aux esclaves dans les temps antiques, on distinguait des occupations nobles et des occupations viles. Les anciennes légendes qui nous présentent Orphée, le légendaire artiste grec, enseignant tout, métiers, sciences et arts, aux sons de la lyre, mettaient le métier à la place qu'il doit avoir, comme le véritable père de la science et de l'art. Rabelais, devançant son temps, rend au travail manuel sa dignité et place avec justice le producteur des choses indispensables à la vie sur le même pied que l'artiste et le savant. Nos législateurs n'ont pas fait autre chose que ce que demandait Rabelais, et vous voyez, mon cher ami, qu'en vous inspirant de leur esprit, vous n'avez pas à craindre que l'enseignement du travail manuel diminue jamais l'excellent éducateur qui est en vous.

A vous etc.

SUJETS A TRAITER

155. — Un instituteur écrit à l'un de ses collègues pour lui montrer comment *les travaux manuels* enseignés selon le programme lui peuvent venir en aide *pour l'enseignement du dessin et de la géométrie.*

156. — Faites voir comment vous comprenez l'enseignement du *travail manuel dans les écoles urbaines et dans les écoles rurales.* Insistez, pour l'un et l'autre cas, sur la nécessité de préparer aux professions futures.

SUJETS DÉJA DONNÉS DANS LES EXAMENS

Nous croyons être agréables à nos lecteurs en leur proposant comme exercices quelques-uns des sujets qui ont été donnés dans les divers examens, tant à Paris que dans les départements.

1° Quelle est la saison de l'année que vous préférez? Exposez les raisons de votre préférence. *(Aspirantes.)*

2° Pourquoi l'exil est-il si cruel? *(Aspirantes.)*

3° Vous êtes instituteur et vous avez terminé votre cours d'histoire aux élèves de la division supérieure ; par quelques exemples bien choisis, vous leur faites voir que, plusieurs fois vaincue et sur le penchant de sa ruine, la France est sortie de ces épreuves plus forte et plus prospère. *(Aspirants.)*

4° Un de vos amis s'est étonné, dans une lettre qu'il vous a écrite, qu'ayant eu du succès dans vos études et qu'étant suffisamment instruit pour prendre votre brevet de capacité dans quelques mois, vous avez formé le projet d'entrer à l'école normale. Répondez-lui pour justifier votre décision. *(Aspirants.)*

5° Un jeune maître débute dans une école qui laisse à désirer, au double point de vue du travail et de la discipline. Dans une lettre à un ami qui a passé trois ans avec lui à l'école normale et qui est instituteur dans le même département, il expose les moyens qu'il veut employer pour remettre cette école en bon état. *(Aspirants.)*

6° Influence des bonnes lectures sur le cœur et sur l'esprit. Quels sont les moyens dont les maîtres peuvent user efficacement pour inspirer aux enfants le goût de la lecture. *(Aspirants.)*

7° Racontez à vos élèves du cours supérieur ce qui s'est passé dans la nuit du 4 août 1789 et montrez-leur les conséquences de cette nuit mémorable. *(Aspirantes.)*

8° Ayant achevé le cours d'histoire dans la division supérieure, une institutrice fait à ses élèves une dernière leçon dans laquelle elle s'applique à faire ressortir les principales raisons que nous avons d'aimer notre patrie, dans le passé et dans le présent. *(Aspirantes.)*

9° Vous êtes institutrice et vous avez remarqué chez quelques-unes de vos élèves du cours supérieur une tendance à la moquerie. Prenez occasion de cette remarque pour leur donner indirectement une leçon en montrant à votre classe la nécessité de l'indulgence réciproque à l'école, comme dans la vie. *(Aspirantes.)*

10° Vous avez fait apprendre à vos élèves un certain nombre de fables de La Fontaine ; vous avez à leur faire une leçon de morale à leur portée. Réveillez dans leur esprit le souvenir de l'une de ces fables et faites-leur cette leçon. *(Aspirantes.)*

11° Une institutrice s'aperçoit que, pendant les récréations, un certain nombre de ses élèves s'isolent pour étudier, tandis que d'autres forment des groupes où l'on cause en restant immobiles. A la rentrée en classe, elle adresse à ses élèves des observations sur la nécessité des récréations, sur le bon usage à en faire, sur le besoin d'exercice et de distraction.

Reproduisez l'allocution de cette institutrice. *(Aspirantes.)*

12° Des élèves sont venues, pendant la récréation, trouver leur maîtresse et se sont plaintes de l'obligation qui leur est faite de garder le silence pendant les mouvements et de se mettre en rang pour les entrées et les sorties. La classe étant réunie, l'institutrice leur fait connaître la raison de ces prescriptions. *(Aspirantes.)*

13° Quel est, dans l'histoire de France, le personnage qui vous paraît avoir le plus de titres à l'admiration et à la reconnaissance de la postérité? Donnez les raisons de votre choix. *(Aspirantes.)*

14° Pour quelles raisons la profession d'instituteur doit-elle être l'une des plus honorées? *(Aspirantes.)*

15° Expliquez à des élèves du cours moyen (enfants de dix ans), le sens et la valeur de cette maxime, soit à l'école, soit dans la vie : Une place pour chaque chose, et chaque chose à sa place. *(Aspirantes.)*

16° Une de vos élèves a prétendu qu'il était inutile d'enseigner l'histoire de France aux élèves des écoles primaires de filles. Dans une lettre que vous lui adressez, prouvez-lui qu'elle a tort. *(Aspirantes.)*

17° Quels avantages y a-t-il à donner, dans les écoles maternelles, une place aux exercices élémentaires de dessin? *(Écoles maternelles.)*

18° Faites connaître et bien comprendre à des élèves du cours supérieur d'une école primaire quels sont les principaux devoirs du citoyen envers l'État. *(Aspirants.)*

19° Un de vos amis a soutenu qu'il y aurait des inconvénients à supprimer, pour les instituteurs publics, la dispense du service militaire. Donnez-lui, dans une lettre, votre avis sur la question. *(Aspirants.)*

20° Faire connaître les abus que Turgot s'est proposé de faire cesser, les réformes qu'il a tentées et les résistances qu'il a rencontrées. *(Aspirants.)*

21° Expliquer ce que La Fontaine a voulu dire et prouver par ce vers :

La raison du plus fort est toujours la meilleure.

(Aspirants.)

22° Montrer la vérité de ce proverbe :

L'oisiveté est la mère de tous les vices.

(Aspirantes.)

23° De quelle utilité est l'étude de la géographie de la France. *(Aspirantes.)*

24° Un de vos amis s'étant étonné de votre amour pour la lecture, vous lui expliquéz dans une lettre le profit que vous comptez tirer de cette habitude, et pour vous-même et pour vos élèves. *(Aspirants.)*

25° Pour quelle raison une nation doit-elle entretenir soigneusement le culte des sciences, des lettres et des arts ? *(Aspirants.)*

26° Vous êtes instituteur et vous venez de lire à vos élèves du cours moyen la fable du *Lièvre et la Tortue.* Expliquez-leur le sens de ce vers :

Rien ne sert de courir, il faut partir à point.

Et, par un ou deux exemples que vous prendrez autour de vous, faites ressortir la vérité et l'utilité pratique de ce proverbe. *(Aspirants.)*

27° L'instituteur d'une commune rurale, dans une lettre à l'un de ses collègues, expose comment, malgré certaines résistances des autorités locales et des familles, il a réussi à introduire dans son école la gymnastique et les exercices militaires, et à en faire comprendre l'importance. *(Aspirants.)*

28° De toutes les matières que l'on enseigne dans les écoles normales, quelle est celle qui a le plus d'attrait pour vous et que vous vous promettez d'étudier avec le plus de plaisir et de soin? Faites connaître vos raisons. *(Aspirants à l'École normale.)*

29° Pendant la leçon de couture, une maîtresse fait à ses élèves, dans une causerie familière, l'histoire du coton, de sa culture et de l'appropriation que l'homme en fait aux usages de la vie. *(Aspirantes.)*

30° Une institutrice expose à ses élèves les avantages qui résulteront, tant pour elles-mêmes que pour leurs familles, de leur habileté dans les travaux à l'aiguille. Conclusion : Donner à ce genre de travail le même soin qu'aux autres exercices scolaires. *(Aspirantes.)*

31° Un jeune adjoint s'est plaint d'être chargé de la surveillance pendant les récréations. Le directeur de l'école lui démontre amicalement son erreur et l'importance du service qui lui est demandé. *(Aspirants.)*

32° Un instituteur peut-il être tout à la fois aimé et obéi dans son école? Comment comptez-vous faire, lorsque vous aurez une classe à diriger, pour inspirer de l'affection à vos élèves sans compromettre votre autorité? *(Aspirants.)*

33° En réponse à une demande de renseignements adressée par l'inspectrice, une directrice d'école maternelle expose les soins qu'elle donne à l'éducation physique des enfants, et les mesures qu'elle prend puor maintenir l'établissement dans de bonnes conditions hygiéniques. *(Écoles maternelles.)*

34° Quel doit être le rôle de la sœur ainée dans la famille? *(Aspirants.)*

35° Démontrer la possibilité et l'utilité d'un enseignement très élémentaire des premières notions d'histoire naturelle à l'école maternelle. Indiquer comment et dans quelles limites cet enseignement doit être donné. *(Écoles maternelles.)*

36° Le frère aîné : Son rôle dans la famille. *(Aspirants.)*

37° Une épidémie vient de sévir dans la commune. L'instituteur s'est épuisé à visiter et à secourir les malades; il est atteint à son tour. Un élève de l'école, au nom de ses camarades, lui écrit en ces termes : *(Aspirants.)*

38° Que pensez-vous des princes qui ont la passion des conquêtes? *(Aspirants.)*

39° Montrez ce qu'il y a d'odieux dans l'ingratitude. *(Aspirantes.)*

40° Montrez que la guerre est le plus terrible des fléaux. *(Aspirantes.)*

41° Pour quelles raisons devons-nous traiter avec respect les personnes avancées en âge? *(Aspirantes.)*

42° De quelle utilité est l'étude de la géographie en général. *(Aspirants.)*

43° Importance de l'étude des travaux à l'aiguille dans l'éducation des jeunes filles. *(Aspirantes.)*

44° Une institutrice a fait faire à ses élèves une promenade instructive. Elle écrit à une de ses amies, institutrice comme elle, et lui raconte cette promenade. Elle lui explique, en outre, le but qu'elle s'est proposé et le part qu'elle a tiré de cette excursion pour l'instruction des enfants qui l'accompagnaient. *(Aspirantes.)*

45° Louis XIV a reçu, de son vivant même, le surnom de *grand.* Le surnom vous paraît-il mérité? *(Aspirantes.)*

46° Un instituteur expose à ses élèves pour quelles raisons il ne faut jamais faire de mal aux animaux.

(Aspirants.)

47° Développer la pensée exprimée dans ce vers de Voltaire :

> A tous les cœurs bien nés que la patrie est chère !

(Aspirants.)

48° Pour quelles raisons l'histoire de France a-t-elle été mise au nombre des matières obligatoires du programme de l'enseignement primaire? *(Aspirantes.)*

49° Pour quelles raisons ceux qui doivent instruire les enfants leur doivent-ils le plus grand respect?

(Aspirantes.)

50° — Faites aux élèves du cours moyen une leçon de choses *sur le papier.* (*Aspirantes.*)

51° L'article 16 de l'arrêté ministériel réglant l'organisation pédagogique des écoles primaires porte : « Au commencement de chaque année scolaire, le tableau de l'emploi du temps par jour et par heure est dressé par le Directeur de l'école, et, après approbation de l'Inspecteur primaire, il est affiché dans la salle de classe. » — Indiquer dans un rapport à l'Inspecteur primaire, les principes qui vous ont guidé dans l'établissement des tableaux de l'emploi du temps pour chacun des cours de l'école ou de la classe que vous dirigez.

52° Exposez ce que, dans l'enseignement de la morale, on vous a dit des devoirs envers les parents.

53° Développez cette pensée : *Plus fait douceur que violence.* — Application à l'éducation.

54° Pourquoi les bons maîtres ont-ils moins souvent que les autres l'occasion de punir ?

55° Montrer, en donnant des exemples, l'utilité des fables, et en particulier de celles de La Fontaine, dans l'éducation des enfants.

56° Montrer que la profession d'institutrice exige une vocation sérieuse.

57° Prouver que c'est quand nous sommes aux prises avec l'adversité que nous pouvons apprécier la sincérité de ceux qui se disaient nos amis.

58° Montrer ce que l'orgueil a d'odieux chez une jeune fille.

59° Montrer qu'une nation ne peut être prospère et glo-

rieuse qu'à la condition de cultiver et d'honorer les sciences,
les lettres et les arts.

60° Lettre à une aspirante qui vient d'échouer à l'examen
dans l'épreuve de la lecture expliquée. — On lui fera comprendre en quoi consiste cette épreuve, et de quelle importance elle est pour une future institutrice.

61° Même lettre, écrite à un instituteur à la même occasion.

62° *Il se faut entr'aider : c'est la loi de la nature.*
Apprécier cette maxime et montrer quelle application elle
peut recevoir dans la vie scolaire; signaler les cas où elle
cesse d'être une règle légitime entre écoliers.

63° Les Français ont-ils raison d'être fiers de leur pays?

64° Développer cette pensée de La Fontaine : *Il ne se
faut jamais moquer des misérables.*

65° Développer et justifier la maxime suivante : *Contentement passe richesse.*

66° Quels moyens doit-on mettre en usage pour « *rendre
l'étude aimable aux enfants* », selon le précepte de Rollin?
— Importance de ce précepte.

67° *Dévouement.* — Quel est le sens précis de ce mot? —
Vous citerez à l'appui de votre définition un ou deux exemples historiques.

68° Développer cette maxime : *Fais ce que dois, advienne
que pourra.*

69° Quelles réflexions vous suggérait la vue de l'horloge
de la classe quand vous étiez enfant? — Quelles réflexions

vous suggère-t-elle maintenant que vous êtes plus âgé et plus raisonnable?

70° Une directrice d'école maternelle, dans une lettre adressée au maire, expose les moyens qu'elle croit les plus propres à rendre ses élèves exacts et assidus.

71° Dans la fable *La Cigale et la Fourmi*, que pensez-vous de la Cigale? que pensez-vous de la Fourmi? — Appliquez vos réflexions aux rapports des hommes entre eux.

72° Montrez les effets funestes de l'oisiveté.

73° Développer et apprécier la morale contenue dans ces deux vers de La Fontaine :
> *Il faut autant qu'on peut obliger tout le monde,*
> *On a souvent besoin d'un plus petit que soi.*

74° Une aspirante rappelle les moyens dont se servait sa maîtresse pour former ses élèves à la franchise.

75° Même lettre écrite par un aspirant.

76° Marie a demandé à Jeanne son devoir pour le copier. Jeanne y a consenti. — Que direz-vous à l'une et à l'autre?

77° Comment peut-on venir en aide aux malheureux quand on est pauvre?

78° Décrivez l'impression de reconnaissance que vous ressentez pour vos parents en voyant les soins maternels prodigués à de petits enfants.

79° Prouvez que la vanité est un grand défaut, surtout chez une jeune fille.

80° Montrer ce qu'il y a de triste dans la condition de l'exilé.

81° Pourquoi devons-nous nous défier de ceux qui nous flattent et ne pas céder au plaisir de les écouter?

82° Montrer que les mers rapprochent les peuples bien plus qu'elles ne les séparent.

83° Une jeune fille se prépare au brevet de capacité, bien qu'elle ne se destine pas à l'enseignement. — Elle répond à une de ses amies qui l'avait engagée à renoncer à sa préparation.

84° Ne faites pas seulement l'aumône, faites encore la charité. (J.-J. ROUSSEAU.)

85° Développer l'idée contenue dans ce proverbe :
Il n'y a pas de sot métier, il n'y a que de sottes gens.

86° Vous paraît-il que l'institution d'une fête nationale en l'honneur de Jeanne Darc serait justifiée?

87° *Quiconque rapporte tout à soi n'a pas beaucoup d'amis.*

88° Pourquoi l'histoire place-t-elle au premier rang les princes qui, comme Charlemagne, François Ier, Louis XIV, ont protégé les savants, les écrivains, les artistes?

89° Faites voir comment vous vous servirez de l'étude de l'histoire pour développer chez vos élèves l'amour de la patrie.

90° Un instituteur écrit à l'un de ses anciens élèves, qu'il sait modeste et bon, mais d'un caractère timide et un peu sauvage : il lui conseille plus de fermeté, lui rappelant ce fait d'expérience que chacune de nos qualités morales tend à dégénérer en défaut.

91° Une de vos amies vous a écrit pour vous engager a

moins travailler, disant que l'instruction, bonne pour les hommes, est peu nécessaire aux femmes. — Votre réponse.

92° Devoir des frères et des sœurs : rôle de la sœur aînée dans la famille.

93° Montrez, dans les fables de La Fontaine, par un certain nombre d'exemples, l'intérêt que le fabuliste porte aux faibles et aux opprimés.

94° A quelles conditions les exercices de récitation seront-ils fructueux ? A quoi sont-ils utiles ?

95° Moyens d'obtenir le concours des parents pour assurer dans l'école le travail et la discipline.

96° Dans la vie, on ne saurait toujours travailler, toujours avoir l'esprit tendu. — Quel est le divertissement de votre choix ? — Justifiez votre préférence.

97° Un instituteur et une institutrice sont-ils tenus de veiller sur la santé de leurs élèves ? — Quels sont les moyens qu'ils doivent employer pour s'acquitter de ce devoir.

98° L'avare, le prodigue, l'économe. — Précisez la signification de ces trois mots et donnez des exemples.

99° Qu'entendez-vous par cette expression : *la mouche du coche ?* Expliquez-en l'origine et dites quelles sont les personnes auxquelles on l'applique, et pourquoi.

100° Quelles punitions avez-vous vu infliger autour de vous quand vous étiez enfant ? Que pensez-vous aujourd'hui de ces punitions ? Les emploierez-vous à l'égard des enfants qui seront confiés à vos soins ?

101° *De l'émulation distinguez bien l'envie.* — Expliquez

cette pensée de Voltaire. — Appliquez-la à la direction d'une classe.

102° On cite souvent, en parlant des enfants, le mot de La Fontaine : *Cet âge est sans pitié.* — Dites ce que vous en pensez.

103° Développer cette pensée : « Une vie bien réglée multiplie le temps. »

104° Tracez comme vous l'entendrez l'idéal d'un caractère d'instituteur.

105° Développer ce passage de l'instruction du 12 mai 1867 : « Il faut cultiver de bonne heure l'intelligence des enfants ; mais on doit se garder de la fatiguer et de l'appauvrir à jamais en la surexcitant outre mesure. » Applications, s'il y a lieu, à notre régime scolaire actuel.

106° Expliquer et apprécier ce mot de Condillac : « Nous supposons que les enfants ne raisonnent pas, parce que nous ne savons pas raisonner avec eux. »

107° On se plaint que, dans les écoles, les enfants, en dehors de leurs jeux, ne parlent pas, qu'ils répondent à peine et par monosyllabes. — Inconvénients de ce mutisme ; ses causes ; moyens d'y remédier.

108° De l'utilité des récréations. — Profit que le maître peut en retirer au point de vue de l'étude des caractères et de l'éducation de ses élèves.

109° Développer cette pensée d'un pédagogue moderne : « Dans l'éducation, il faut sans cesse prévoir et se souvenir. »

110° Expliquez comment vous pouvez tirer parti de la

curiosité des enfants pour leur instruction et leur éducation.

Nota. — Comme les Aspirants et les Aspirantes ont pu le voir, les *sujets* que nous leur proposons, ainsi que ceux que l'autorité a elle-même donnés aux derniers examens, se rapportent tous à la PÉDAGOGIE et à la MORALE. Ils comprennent même un cours à peu près complet de la pédagogie. C'est pourquoi nous croyons indispensable de leur recommander de n'essayer de les rédiger qu'après avoir étudié la question dans un traité spécial de pédagogie ou de morale, tel que notre *Cours de pédagogie à l'usage de l'enseignement primaire*, ou tout autre à leur choix.

Cette manière d'étudier, en fixant le travail dans un devoir écrit, présente beaucoup d'avantages. La nécessité de penser fortement, de condenser en peu de mots quelquefois tout un chapitre, de réunir, dans la plupart des cas, des idées éloignées pour en faire un tout bien ordonné, est un des meilleurs exercices intellectuels qu'on puisse faire. Non seulement ce que l'on a étudié reste mieux gravé dans l'esprit, mais encore l'obligation où l'on est de faire soi-même une sorte de synthèse habitue l'intelligence à juger d'un coup de quelles idées elle doit se servir pour faire un travail complet, et de quelle manière elle doit les ordonner pour que l'ensemble soit harmonieux.

Avant de terminer, nous donnerons encore deux conseils aux Aspirants et aux Aspirantes.

Nous les engagerons d'abord, à moins qu'on ne le leur défende positivement, à donner la forme d'une lettre à leurs compositions. Une dissertation est toujours difficile à faire, surtout à bien commencer. Il n'en est pas ainsi d'une lettre, au début de laquelle il est aisé de poser les principes sur lesquels on veut s'appuyer. Les déductions viennent ensuite, pour ainsi dire presque seules.

Nous leur recommanderons, avec non moins d'instance, de ne jamais oublier leur sexe et de toujours tenir compte de celui des enfants qu'ils ont à élever. Quel que soit le sujet qu'ils auront à traiter, qu'il s'agisse d'instruction ou d'éducation, les raisons particulières à donner ne sauraient être les mêmes pour les institutrices que pour les instituteurs. Sans doute, les principes généraux sont identiques; mais les moyens à employer diffèrent avec les sexes et en raison même du rôle spécial que chacun d'eux remplira plus tard dans la vie.

9.

Enfin nous croyons fermement que tout Aspirant qui aura convenablement rédigé les sujets que nous lui offrons pourra subir l'épreuve de composition sans trop de crainte. Évidemment, il n'aura jamais à rédiger l'un quelconque de ces sujets; mais il est certain qu'aucune question ne pourra lui être posée qui ne se rapporte directement ou indirectement à quelques-uns d'entre eux. Il aura certainement à sa disposition un nombre suffisant d'idées, d'expressions et de tournures pour n'éprouver d'autre embarras que celui de les agencer ; et encore, comme nous venons de le dire, sera-t-il déjà habitué à réunir ensemble des idées séparées.

TABLE SOMMAIRE DES LETTRES PÉDAGOGIQUES

R. — *Le caractère italique* indique les Modèles de rédaction; le romain, les Sujets à traiter.

L'ÉCOLE

I. ORGANISATION PÉDAGOGIQUE

II. ENSEIGNEMENT

LEÇONS DE CHOSES

LECTURE

GÉOMÉTRIE

DISCIPLINE & DIVERS

Paris. — Imp. Vᵉ P. LAROUSSE et Cⁱᵉ, 19, rue Montparnasse.

500 PROBLÈMES D'ARITHMÉTIQUE

Donnés par les *Commissions d'examen* pour l'enseignement primaire, suivis des **Solutions raisonnées**; à l'usage des maisons d'éducation et des aspirants au brevet de capacité; par Th. LEPETIT, préparateur aux examens, et M. BLEYNIE, ancien élève de l'École polytechnique. — Vol. in-12, broché, 2ᵉ édit.................................... **2 fr.**

2.500 PROBLÈMES D'ARITHMÉTIQUE

ET DE GÉOMÉTRIE PRATIQUE

Nombres entiers; Nombres décimaux; Fractions; Règles de trois simples et composées; Intérêts simples et composés; Rentes sur l'État; Assurances; Escompte; Mélanges et Alliages; Racine carrée; Mesurage des Surfaces et des Volumes; **Problèmes d'examen;** par V. ARNOUX, instituteur, 6ᵉ édit., revue et augmentée.
— Livre de l'Élève, in-12, cart.................. **2 fr.**
— Livre du Maître, donnant les énoncés avec les Solutions.................................... **3 fr.**

ALGÈBRE PRATIQUE EN 15 LEÇONS

A l'usage des Écoles primaires supérieures, des Écoles normales et des Candidats aux divers examens et brevets de l'Enseignement; par Alfred JACQUEMART, député, ancien inspecteur de l'Enseignement primaire de la Seine. — Livre de l'Élève, 2ᵉ édit., cart.......................... **1 fr.**
— Livre du Maître, donnant les Solutions raisonnées de tous les problèmes.................... **2 fr.**

COURS ÉLÉMENTAIRE DE PHYSIQUE

A l'usage des Écoles professionnelles et des Écoles normales; par Am. JACQUET, professeur spécial de sciences mathématiques et physiques. — Joli vol. grand in-18, illustré de 260 gravures.............................. **3 fr.**

RECUEIL DE PROBLÈMES DE PHYSIQUE

Suivi de *Questions de théorie* et de *Problèmes de chimie;* contenant en outre les Tables des poids spécifiques, coefficients de dilatation, etc., et les principes sur lesquels reposent les formules; par Am. JACQUET. — Livre de l'Élève.................................... **1 fr. 50**

— Livre du Maître, comprenant le livre de l'Élève et les Solutions raisonnées des problèmes... **3 fr. »**

ÉLÉMENTS DE GÉOMÉTRIE PRATIQUE
ET DE DESSIN LINÉAIRE

Figures planes. Figures dans l'espace. Applications. Dessin à main levée. Dessin géométrique. Lavis. — 215 figures, 550 problèmes. — Par Thierry VILLETTE, professeur à l'École municipale supérieure Lavoisier. — 1 vol. in-8°, cart., 2ᵉ édition .... **2 fr.**

Solutions des 550 problèmes. (*Voir l'ouvrage ci-après.*)

550 PROBLÈMES DE GÉOMÉTRIE PRATIQUE
ET DE DESSIN LINÉAIRE

Avec les Solutions raisonnées, accompagnées des figures nécessaires à la démonstration ; par Th. VILLETTE et H. COURCENET. — 1 vol. in-12, cart. ; prix.................... **2 fr.**

TRAITÉ DE LA COMPTABILITÉ

En partie simple et en partie double, précédé d'un Vocabulaire des Expressions commerciales, de Formules d'actes et de Lettres de commerce ; par J. SCHNEIDER, comptable de maisons de banque, de commerce et d'industrie. 5ᵉ édit. — 1 vol. format Charpentier ; prix .... **1 fr. 50**

LANGUES ÉTRANGÈRES

OUVRAGES RECOMMANDÉS POUR LA PRÉPARATION AUX EXAMENS DU BREVET SUPÉRIEUR

MÉTHODE CLAUDE MARCEL

Pour apprendre à lire, à entendre, à parler et à écrire une langue étrangère, avec ou sans maître.

La méthode Marcel dispense, au début, *de grammaire, de thèmes, de versions, de l'emploi du dictionnaire* et même *du secours d'un maître spécial;* elle convient donc spécialement aux Aspirants et aux jeunes Maîtres qui, voulant posséder une langue étrangère, sont souvent obligés d'étudier seuls.

Exposé de la méthode. Brochure in-18.......... **20 c.**

APPLICATION A L'ANGLAIS

Par M. Cl. MARCEL, ancien consul de France en Angleterre.

Premier livre, français et anglais en regard. 4ᵉ édition. — Vol. in-18............................... **75 c.**
Deuxième livre, français et anglais. 2ᵉ édition.—Vol. in-18. **75 c.**
Troisième livre, *Histoire anecdotique de l'Angleterre;* français et anglais. — Vol. in-18............................ **2 fr.**
Tableaux synoptiques, pour servir à l'étude pratique de la langue anglaise. — Vol. in-18........................ **75 c.**

APPLICATION A L'ALLEMAND

Par G. THÉODORE, membre de la Société générale d'éducation.

Premier livre (l'allemand est en caractères français). 2ᵉ édition.. **50 c.**
Deuxième livre (en caractères français et en caractères allemands)... **75 c.**
Troisième livre (en caractères allemands et en écriture manuscrite).. **1 fr.**
Tableaux synoptiques, pour servir à l'étude pratique de l'allemand, renfermant les mots les plus usités, le tableau des verbes irréguliers, etc. — Vol. in-18, cart.......... .... **1 fr. 25**

APPLICATION A L'ITALIEN

Par Jean DAMIANI, professeur de français et d'italien.
Premier livre (français et italien en regard)........... **75 c.**

LANGUE ALLEMANDE (Grammaire raisonnée de la)

Avec **exercices, thèmes, versions** et **vocabulaire**; par Germain MEURER, docteur ès lettres, agrégé de l'Université, et Léon VALLÉE, de la Bibliothèque nationale. — Vol. in-12, cart...................................... **1 fr.**

LANGUE ANGLAISE (Cours complet de la)

En trente-huit leçons; par le professeur BUDD. 7e édition, revue et améliorée par Edward THIODON, professeur à Paris. — In-18, cart.............................. **1 fr. 50**

LANGUE ITALIENNE (Cours élémentaire et pratique de)

Par L. BOURRILLY, ancien instituteur et maître d'italien, membre lauréat de la Société de géographie de Marseille, inspecteur de l'Enseignement primaire, officier d'académie.
— Livre de l'Elève...................... **1 fr. 50**
— Livre du Maître...................... **2 fr. »**

LA FRANCE MILITAIRE ILLUSTRÉE

Publication de la Réunion des officiers, renfermant: les diverses Organisations des armées de terre et de mer; le Recrutement; les Armes, Armures et Costumes; les Drapeaux; les Décorations et Ordres militaires; l'Hôtel des Invalides; par le lieutenant-colonel A. DALLY. — Vol. in-16, pittoresque, illustré de 360 gravures. — Prix, broché, 4 fr.
— relié en toile gaufrée, tranches jaspées...... **5 fr. »**
— relié tranches dorées...................... **5 fr. 50**